Pausch/Pausch · Goethe-Zitate für Juristen

W0188839

Goethe-Zitate für Juristen

Aus Rechtsstudium, Advokatur,
Staatsdienst, Rechts- und Lebensweisheit
des Dichterjuristen

ausgewählt und lexikalisch aufbereitet

von

Dr. jur. Alfons Pausch und Jutta Pausch

Verlag
Dr. Otto Schmidt
Köln

Die Deutsche Bibliothek – CIP-Einheitsaufnahme

Goethe, Johann Wolfgang von :
Goethe-Zitate für Juristen: aus Rechtsstudium, Advoka-
tur, Staatsdienst, Rechts- und Lebensweisheit des Dich-
terjuristen / ausgew. und lexikalisch aufbereitet von
Alfons Pausch und Jutta Pausch. – Köln: O. Schmidt, 1994
ISBN 3-504-01791-0
NE: Pausch, Alfons [Hrsg.]; Goethe, Johann Wolfgang
von: [Sammlung]; HST

Verlag Dr. Otto Schmidt KG
Unter den Ulmen 96 – 98, 50968 Köln
Tel.: 0221/93738-01, Fax: 0221/93738-921

Gesamtherstellung: Bercker Graphischer Betrieb GmbH, Kevelaer

Printed in Germany

INHALT

Zur Einführung 1

Abgaben 5
Administration 5
Advokat(ur) 6
Akten 8
Amt/Ämtchen 9
Analogie 9
Anwaltsrhetorik 9
Auslegung 11

Beamter 12
Beklagte 12
Bethe 12
Bürgermeister 12
Bürgerpflicht 12
Bürgschaft 13

Deutschlands Einheit 14
Dieb/Diebstahl 14
Dienstbarkeit 15
Dienstgeschäfte 15
Doktor beider Rechte 16

Ehe 17
Ehebruch 17
Ehescheidung 18
Eid 19
Eigentum 19
Erbe/Erbrecht 20
Exekutive 21

Fehler 22
Finanzen 22
Freiheit/Freiheitsrechte 23

Friedliche Gewalten 24
Fürst/Regent 24

Gerecht 26
Gerechtigkeit 27
Gericht 28
Gerichtsbote 29
Gerichtsstunde 30
Gesetz 30
Gesetz und Ordnung 35
Gesetz und Rechte 36
Gesetz und Sitte 36
Gesetzbuch 37
Gesetzgebung 37
Gewalt und Recht 39
Gewohnheitsrecht 40
Gläubigerschutz 40
Gleichheit/Gleich sein 40
Gottesurteil 42
Greueltat 42

Herrschen/Herrscher 43

Irrtum, irren 44

Jurisprudenz 46
Jurist 46
Juristerei 48
Juristische Fakultät 48
Justiz 49

Kindestötung 50
Kirchenrecht 50
Kirchenrechtliche
  Dissertation 51

Konstitution	51	Rechte, das	74
Konstribution	52	Rechtsanwalt	76
Kredit	52	Rechtsgelehrsamkeit	76
Kuppelei	52	Rechtsgelehrter	78
		Rechtsgeschichte	79
Macht	53	Rechtsstudium/Rechts-	
Mächtige, der	53	wissenschaft	80
Majestät	54	Regierung, regieren	85
Mensch	54	Reich, Heiliges Römisches	86
Menschenrecht	56	Reichskammergericht	88
Menschlich, Menschlich-		Repetent	89
keit	57	Republik	89
Minister	58	Revolution	90
Moral	59	Richter	91
Mörder	60		
		Schelten	96
Nationalversammlung	61	Schuld, schuldig	96
Naturrecht	61	Schulderlaß	97
Nießbrauch	61	Sittlichkeit	97
Norm des Menschen	62	Staat	99
Not	62	Staatsdiener	103
		Staatsgeschäfte	104
Öffentliche Geschäfte	63	Staatsmänner	104
Opposition	63	Staatstugend	105
		Steuern	105
Pachttermine	64	Strafe, strafen	109
Paragraph	64	Studentische Ruhe-	
Partei	64	störung	111
Pfandrecht	65		
Pflicht	66	Testament	112
Politik	67	Theatergesetze	113
Politikus u. Polizeimeister	67	Themis	114
Polizei	67	Todesstrafe	114
Pressefreiheit	69	Treu und Glauben	115
Professoren	69		
		Ungerechtes Gut	116
Recht	72	Ungerechtigkeit,	
Recht und Sitte	74	ungerecht	116

Ungesetz	117		Verträge	126
Unrecht	118		Verwaltung	127
Unschuld	119		Verzug	127
Untergebene	119		Volk	127
Untertan und Obrigkeit	120		Völkerrecht	128
Urheber- und Verlags-			Vorgesetzte	128
recht	120		Vormund	129
Urkunde	123			
			Wiedervergeltung	130
Verbote	124			
Verbrechen	124		Zehnten	131
Verfassung	124		Zensur	131
Vergleich	126		Zeugen	132
Verlagsrecht	126		Zinsauflage	132
Verordnungen	126		Zoll	133

Abkürzungen der benutzten Quellenwerke 135

Bildnachweis 136

Zeittafel 137

Zu den Herausgebern 140

Zur Einführung

Was hat Goethe mit Juristen, was haben die Juristen mit Goethe zu tun?

Man weiß zwar, daß er wie auch sein Faust „ach! Juristerei" studiert hat. Aber wer ist schon genauer darüber unterrichtet, daß unser Klassiker der Dichtkunst neben seiner poetischen Produktivität

— bereits als Knabe Rechtsunterricht im Elternhaus erhielt,

— als Student 9 Semester an den Juristischen Fakultäten in Leipzig und Straßburg immatrikuliert war,

— seine staatskirchenrechtliche Dissertation für den Doktorgrad beider Rechte als zu gefährlich zurückgewiesen wurde,

— für 56 erfolgreich verteidigte Rechtsthesen zum Lizentiaten beider Rechte „cum applauso" promovierte,

— als jungbestallter Advokat vier Jahre lang in Frankfurt a. M. ein Anwaltsbüro betrieb und zwischendurch beim Reichskammergericht in Wetzlar praktizierte,

— dann über fünf Jahrzehnte als rechtskundiger Ratgeber, Verwaltungsbeamter und schließlich Staatsminister in Weimar wirkte?

Beim Versuch einer Einteilung von Goethes Lebenszeit kam der renommierte Goetheforscher Ernst Beutler zu dem Ergebnis, daß der Dichter vielleicht ein Drittel seiner Tätigkeit als juristischer, beamteter und staatsmännischer „Geschäftsmann" – wie es im 18. Jahrhundert hieß – verbracht hat.

Im Zuge fachbiographischer Studien sind wir auf eine Vielzahl einschlägiger Selbstzeugnisse des berühmten „Dichterjuristen" gestoßen, die in Juristenkreisen weithin noch unbekannt zu sein scheinen. Die riesige Stofffülle aus Goethes eigener Hand ist noch lange nicht ausgeschöpft und rechtfertigt immer wieder Nachforschungen und Nachlesen, besonders auch deshalb, weil in letzter

1

Zeit kritisch überarbeitete und erweiterte Quellenausgaben erschienen sind.

So waren für uns griffbereit: alle bisher edierten Briefe, Notizen, Tagebücher und Gespräche Goethes, seine poetischen Werke vom Ur-Götz der Sturm- und Drangzeit bis zur posthumen Ausgabe von Faust II, ferner neu bearbeitete und ergänzte Veröffentlichungen seiner Jugendarbeiten und Anwaltsschriften sowie erstmalige Abdrucke seiner amtlichen Stellungnahmen, Berichte, Gutachten und Denkschriften, die er als Beamter und Minister verfaßt hat.

Mit dem vorliegenden Zitaten-Buch haben wir uns zum Ziel gesetzt, ausschließlich Goethe selbst zu Wort kommen zu lassen. Hierbei werden die Fundstücke aus den Primärquellen so aufbereitet, daß sie für den beruflich angespannten Juristen leicht überschaubar sind und daß die ihn interessierenden Spezialthemen rasch aufgefunden werden können. Zu diesem Zweck werden die mehr als 500 wortgetreuen Zitate lexikonartig dargeboten, in alphabetischer Reihenfolge nach Stichworten geordnet und mit Querverweisungen versehen. Bei sämtlichen Zitaten sind jeweils die Werktitel mit den Fundstellen vermerkt. Das Abkürzungs- und Quellenverzeichnis findet sich am Ende der Zitatensammlung (S. 135). Den Abschluß bildet eine Zeittafel mit den wichtigsten Lebens- und Berufsdaten des Dichterjuristen nebst den Erscheinungsjahren einschlägiger Werke (S. 137).

So hoffen wir, daß der reichhaltige Zitatenschatz gebrauchsfertig ist für vielerlei Zwecke und Anlässe: für die Lektüre am Kamin oder Schreibtisch; zur Auswertung für Referate, Relationen und Dissertationen; für die Auflockerung von Beratungsgesprächen, Personal- oder Dienstbesprechungen; für heitere und ernstere Ansprachen und Aufsätze; für die Würzung von Plädoyers, anwaltlichen oder amtlichen Schriftsätzen; für die Vorbereitung und Untermauerung von Gerichtsurteilen oder Gesetzesvorlagen; und nicht zuletzt für die exakt belegbare Ausschmückung von Emanationen der Rechtswissenschaft. Was die Bezüge zum positiven Recht und zum Staatsleben, zum Stand der juristischen Ausbildung, zur Rechtspraxis und Rechtsgelehrtheit anbelangt, muß natürlich der rechtsgeschichtliche Abstand von rund 200

Jahren berücksichtigt werden; die kurzsichtige Anlegung heutiger Maßstäbe auf jene Epoche vor und nach der Französischen Revolution wäre verfehlt.

Wir, als Goethe-Freunde von der Schul- und Studentenzeit an, sind bei der Spurensuche immer wieder von Geistesblitzen überrascht worden, die uns ergötzten, belehrten oder nachdenklich stimmten. Dabei genossen wir einen doppelten Reiz: Zum einen die vielfältige Verwobenheit des Juristenberufes mit einer Dichtkunst, die über rechtstechnische Fachgrenzen hinaus in Sphären der Lebensweisheit hineinführt; zum anderen ein erhebendes Nachempfinden der Lebenskunst eines schöpferischen Menschen, der sich „immer strebend" um das eigentliche Menschsein bemühte und wie kein anderer „Dichterjurist" auch innere Spannungen und rätselhafte Wandlungen offenlegte mit der faustischen Selbsterkenntnis: „Es irrt der Mensch, so lang er strebt." So darf es nicht verwundern, daß er die Juristerei wechselweise verwünscht und gepriesen hat, sei es aus eingestandenem „Geist des Widerspruchs" und der „Lust zum Paradoxen", oder aus dem Zwiespalt von Beruf und Berufung, wobei immer wieder der Dichter mit dem Juristen durchging.

Ein Wort noch zum vorderen Umschlagbild: Als wir uns Goethes Schattenriß beschafften, entdeckten wir zugleich ein passendes Briefzitat aus seiner Leipziger Studentenzeit:

> „Das ist ein Paragraph, in dem die Figur meines Gehirns modelliert ist, verwirrt, und unzusammenhängend."

Wir konnten nicht umhin, dem offenherzigen Dichter das Juristensymbol auch optisch zuzueignen.

Alfons und Jutta Pausch

ABGABEN → Steuern → Zehnten → Zoll

Bei denen ohne Frage überspannten Abgaben der Untertanen ist ihnen die möglichste Nachsicht zu gönnen.

Gutachten über die Beitreibung von Steuerrückständen vom 11. 6. 1779 (D 1 S. 77)

Jede Art von neuer Abgabe drückt irgendwo hin, und unter den hundert und mehr Menschen, die mitzusprechen haben, findet sich immer ein und der andere, der die Last von seiner Seite wegwälzen will.

Brief aus Frankfurt a. M. vom 19. 8. 1797 (A 12 S. 102)

Wächst nach und nach der Besitz der Staatsbürger, so zwackt man ihnen auch davon ab, weniger oder mehr, wie sie verdienen, daß man ihnen von dieser Seite wehe tue.

Wilhelm Meisters Wanderjahre, 3. Buch, 11. Kapitel (A 8 S. 437)

Wir sehen den Besitz und seine Vorteile, dagegen aber auch die Abgaben und Nachteile verschiedener Art.

Dichtung und Wahrheit, 13. Buch (A 10 S. 651 f.)

ADMINISTRATION → Exekutive → Polizei → Verwaltung

Ich sage immer: Wer sich mit der Administration abgibt, ohne regierender Herr zu sein, der muß entweder ein Philister oder ein Schelm oder ein Narr sein.

Brief an Charlotte v. Stein vom 9. 7. 1786 (A 18 S. 937)

ADVOKAT(UR) → Anwaltsrhetorik → Jurist

Da mich nämlich, nach vollbrachten mehreren akademischen Jahren, die ich mit möglichstem Fleiß der Rechtsgelehrsamkeit gewidmet, eine ansehnliche Juristen-Fakultät zu Straßburg, nach beiliegender Disputation, des Gradus eines Licentiati Juris gewürdigt; so kann mir nunmehro nichts angelegener und erwünschter sein, als die bisher erworbenen Kenntnisse und Wissenschaften meinem Vaterlande brauchbar zu machen, und zwar vorerst als Anwalt meinen Mitbürgern in ihren rechtlichen Angelegenheiten anhanden zu gehen ...

> Gesuch um Zulassung zur Advokatur in Frankfurt a. M. vom 28. 8. 1771
> (A 18 S. 159 f. = B 2 S. 61)

Indem ich nun alles was von Talent, Liebhaberei oder sonst irgendeiner Neigung in mir leben mochte, auszubilden, zu nähren und zu unterhalten suchte, verwendete ich eine gute Zeit des Tages, nach dem Wunsch meines Vaters, auf die Advokatur, zu deren Ausübung ich zufälligerweise die beste Gelegenheit fand. Nach dem Tode des Großvaters war mein Oheim Textor in den Rat (der Stadt Frankfurt a. M.) gekommen, und übergab mir die kleineren Sachen, denen ich gewachsen war; welches die Gebrüder Schlosser (Juristen und Hausfreunde) auch taten. Ich machte mich mit den Akten bekannt, mein Vater las sie ebenfalls mit vielem Vergnügen, da er sich, durch Veranlassung des Sohns, wieder in einer Tätigkeit sah, die er lange entbehrt hatte. Wir besprachen uns darüber, und mit großer Leichtigkeit machte ich alsdann die nötigen Aufsätze. Wir hatten einen trefflichen Kopisten zur Hand, auf den man sich zugleich wegen aller Kanzleiförmlichkeiten verlassen konnte.

> Dichtung und Wahrheit, 13. Buch (A 10 S. 617 f.)

Du bist ein liebevoller Advokat.

> Geschichte Gottfriedens von Berlichingen mit der eisernen Hand,
> 4. Aufzug, Elisabeth zu Lerse (B 2 S. 206)

„Also, Sie sind Advokat, das heißt einer, der aus jeder Sache etwas zu machen weiß." –

„Entschuldigen Exzellenz..." –
„Recht so, ein Advokat darf nie etwas zugeben."
> Gespräch mit dem Osnabrücker Advokaten J. K. W. Stüve,
> 1827 (C 3, 2 S. 162)

Wäre er ein Advokat gewesen, würde er meinem Vater mit weisem Rat an Handen gegangen sein.
> Prozeß Heckel gegen Heckel, 3. 2. 1772 (B 2 S. 243)

Der eine Advokat war alles, was ein übertriebener Buffo nur sein sollte. Figur dick, kurz, doch beweglich, ein ungeheuer vorspringendes Profil, eine Stimme wie Erz, und eine Heftigkeit, als wenn es ihm aus tiefstem Grunde des Herzens ernst wäre, was er sagte.
> Italienische Reise, bei einer öffentlichen Verhandlung einer Rechtssache
> in Venedig, 3. 10. 1786 (A 11 S. 81)

... der Advokate und sein Gegner, alles lebt und treibt und läßt sichs angelegen sein und spricht und beteuert und schreit und bietet aus und singt und schilt und flucht und lärmt.
> Tagebücher I, Venedig 4. 10. 1786 (WA III, 1 S. 260)

Leider ruht auf dem, was Advokatenhände berühren, so leicht ein Fluch.
> Brief an K. F. Zelter vom 29. 8. 1803 (Goethe-Briefe,
> hrsg. v. Ph. Stein, 1924 Bd. 5 S. 130)

Ein durchgreifender Advokat in einer gerechten Sache, ein durchdringender Mathematiker vor dem Sternenhimmel, erscheinen beide gleich gottähnlich. –
Hier aber kommt es nun auf die Natur des Menschen an, der ein solches Geschäft betreibt, eine solche Kunst ausübt... Es ist die Frage, ob ihm die Natur hiezu die geistigen und sittlichen Eigenschaften verliehen hat. Die geistigen: das Vermögen der An- und Durchschauung; die sittlichen: daß er die bösen Dämonen ablehne, die ihn hindern könnten, dem Wahren die Ehre zu geben.
> Über Naturwissenschaft im Allgemeinen, einzelne Betrachtungen und
> Aphorismen (WA II, 11 S. 137 ff.); Maximen und Reflexionen (A 9 S. 578 f.)

7

AKTEN

Die Geschäfte haben sich überall, besonders aber bei euch, seit langer Zeit ins Papier gezogen, und die Geschäftsleute bedenken nicht, daß Akten, vom lateinischen Acta hergeleitet, so viel heißt als Getanes, und daß also darin keineswegs eingeheftet werden dürfe, was man tun werde oder wolle. Wenn es mir noch manchmal Spaß macht, ein Faszikel selbst zu heften, so ist es nur im Gange einer Sache, die zu ihrem Ende hineilt.

Brief an K. F. Zelter v. 28. 2. 1811 (A 19 S. 626)

Nein, laß mir das Geschäft in Ehren!
Es ist ein Balsam für das Herz:
Nicht töten will es und zerstören,
Es glänzt nicht, fliegt nicht sonnenwärts;
Doch liegt, ich darf es wohl berühren,
In Staub von Akten und Papieren
Gar wunderbare Zauberkraft,
Zu sänftigen die Leidenschaft.

Nachspiel zu „Die Hagestolzen" von A. W. Iffland (Jubiläums-Ausgabe von Goethes Werken, 1902/12, Bd. 9 S. 265)

Du dem die Musen von den Akten-Stöcken
Die Rosenhände willig strecken,
Der zweener Herren Diener ist,
die ärgre Feinde sind als Mammonas und Christ.

An seinen Frankfurter Berufskollegen H. P. Schlosser, Advokat und Gelegenheitsdichter, 1774 (B 4 S. 256)

Eine unmittelbare, mündliche Kommunikation führt immer weiter als eine schriftliche (Aktensendung).

Votum zu Aktensendung v. Wiener Kongreß, 13. 12. 1814 (D 2,2 S. 871)

In Akten gekramt, die unordentliche Repositur durchgestört, es fängt an drin heller zu werden. Das Geschäft mir ganz allein angelegen.

Tagebücher, 14.–25. 1. 1779 (A 26 S. 72)

AMT/ÄMTCHEN

Ämtchen bringen Käppchen,
Ämtchen bringen Läppchen;
Reißen oft die Kappen
Und das Kleid in Lappen.

Zahme Xenien (A 2 S. 397)

ANALOGIE

Nach Analogien denken ist nicht zu schelten: die Analogie hat den Vorteil, daß sie nicht abschließt und eigentlich nichts Letztes will; dagegen die Induktion verderblich ist, die einen vorgesetzten Zweck im Auge trägt und, auf denselben losarbeitend, Falsches und Wahres mit sich fortreißt.

Maximen und Reflexionen (A 9 S. 567)

Die Analogie hat zwei Verirrungen zu fürchten: einmal, sich dem Witz hinzugeben, wo sie in nichts zerfließt, die andere, sich mit Tropen und Gleichnissen zu umhüllen, welches jedoch weniger schädlich ist.

Maximen und Reflexionen (A 9 S. 572)

ANWALTSRHETORIK → Advokat(ur)

Die Weitläufigkeiten meines Herrn Gegners nehmen täglich überhand; je schwerer es ihm wird, einen gehörigen Beweis zu führen, desto mehr sucht er die Schwäche seiner Gründe unter einem Schwall von Worten zu verbergen ... Die rhetorische Deklamation, womit Herr Gegener schließt, will nun auch nichts bedeuten ...

Wenn großsprecherischer Eigendünkel das Urteil eines weisen Richters bestimmen, und die gehässigste Grobheit eine wohlbegründete Wahrheit umstoßen könnte, so würde durch die letzte gegen mich eingereichte Schrift meine Sache unwiederbringlich vernichtet worden sein ...

Die lieblosesten Schilderungen meines Charakters und meiner Handlungen müssen dienen, den Beweis zu stärken, der denn endlich in solchen unziemlichen Ausdrücken geführt wird, daß der Ton der ganzen Schrift dem Ton eines zanksüchtigen aufgebrachten Weibes gleicht, deren erhitztes Gehirn, unfähig mit Vernunft und Gründen zu streiten, sich in Schimpfworten erschöpft…, dem Teilnehmer zum empfindlichsten Verdruß und denen Zuschauern anfangs zum Gelächter und bald zum Ekel…

Ist nun der mit so vielem Jauchzen gefundene Grund nichts als ein zugefrorenes Wasser, so muß das darauf gerichtete Gebäude durch das geringste Frühlingslüftchen in ein baldiges Grab versinken…

Der Mantel der Unwahrheit ist überall durchlöchert; je mehr man auf einer Seite ihn zur Bedeckung ausspannt, desto mehr läßt er auf der andern unverhofft alle Blöße sehen…

Um nun zuletzt auch nicht von Ferne gegenseitiges Skriptum nachzuahmen, das in übertriebenen Deklamationen locos communes anhäuft, mit leeren Exklamationen den Mond anbellt…

Wie fein krümmt er sich zu halb leugnen, dann halb widerrufen…

Hier wendet er sich wurmartig, weil ihm die gerechteste Ahndung über den Kopf hängt…

Impertinenz und Nichtswürdigkeit klingen überall in der Schrift vor; doch wer kann's ihm übel nehmen, diese Ideen sind einmal dem Gegenteil so homogen, so innig mit seinem Wesen vereinigt, sind in seinem Ausdruck so Hilfswörter geworden, daß er, wenn er auch wollte, ohne dieselbe keinen Gedanken denken, keine Beiwörter finden, keinem Period Schwung und Rotundität geben kann…

Nachdem sich die verhüllte tiefe Rechtsgelehrsamkeit (des Gegners) lange Zeit in Geburtsschmerzen gekrümmt, springen ein paar lächerliche Mäuse von Kompendien-Definitionen hervor und zeugen von ihrer Mutter. Sie mögen laufen…

Der Rabe schilt die Dohle schwarz, und ich kann die Entscheidung getrost einer höchstrichterlichen Einsicht überlassen.

Auszüge aus Prozeßschriften Goethes als Anwalt beim Schöffengericht in Frankfurt a. M., 1771–1775 (A. L. Kriek, Deutsche Kulturbilder aus dem 18. Jahrhundert, 1874 S. 265 ff.)

AUSLEGUNG

Jede Gesetzgebung gebührt dem Fürsten; wie auch die Auslegung der Gesetze.

Die Auslegungen, die vom Fürsten gegeben werden, sind gesondert zu sammeln und nicht mit den grundlegenden Gesetzestafeln zu vereinigen; sie sind in jeder Generation, oder wenn ein neuer Regent zur höchsten Gewalt kommt, abzuschaffen und neue Auslegungen vom Fürsten zu erbitten.

Positiones Juris, Thesen 43/44; 51/52, in Anlehnung an das Römische Recht, Straßburg 1771, hier übersetzt aus dem Lateinischen (B 2 S. 318)

Im Auslegen seid frisch und munter!
Legt ihrs nicht aus, so legt was unter.

Zahme Xenien (A 1 S. 618)

Engländer mit ihrer buchstäblichen Auslegung der Gesetze, besonders um sie zu eludieren (verfälschen), kommen mir vor wie lauter Eulenspiegel.

Zu F. W. Riemer am 12. 7. 1811 (A 22 S. 640)

B

BEAMTER → Staatsdiener

BEKLAGTE

Die Beklagten stehen (im Prozeß) günstiger als die Kläger.

Positiones Juris, These 21, hier aus dem Lateinischen übersetzt (B 2 S. 317)

BETHE („erbetene" Abgabe) → Steuern → Zehnten

BÜRGERMEISTER

Nein, er gefällt mir nicht, der neue Bürgermeister!
Nun, da ers ist, wird er nur täglich dreister,
Und für die Stadt was tut denn er?
Wird es nicht alle Tage schlimmer?
Gehorchen soll man mehr als immer
Und zahlen mehr als je vorher.

Faust I, Vor dem Tor, Bürger, Vers 846–851 (A 5 S. 169)

BÜRGERPFLICHT

Ein jeder kehre vor seiner Tür,
Und rein ist jedes Stadtquartier.
Ein jeder übe sein' Lektion,
So wird es gut im Rate stohn.

Zahme Xenien (A 2 S. 413)

BÜRGSCHAFT

Verbürgst Du Dich aber, so versetzest Du Dich in einen unruhigen Zustand, der desto peinlicher ist, als Du Dich untätig, ja leidend verhalten mußt. Niemand verbürgt sich leicht, außer wenn er glaubt, er laufe keine Gefahr; ist aber die Verbürgung geschehen, so fühlt er sich gar bald, besonders in sorglichen Augenblicken, von einem in der Ferne sich zeigenden Übel bedroht, welches umso fürchterlicher erscheint, als er fühlt, daß er ihm nicht gewachsen sei, wenn es näher treten sollte.

Brief an Sohn August v. Goethe v. 19. 9. 1816 (A 21 S. 179)

D

DEUTSCHLANDS EINHEIT

Mir ist nicht bange, daß Deutschland nicht eins werde; unsere guten Chausseen und künftigen Eisenbahnen werden schon das ihrige tun. Vor allen aber sei es eins in Liebe untereinander! und immer sei es eins gegen den auswärtigen Feind. Es sei eins, daß der deutsche Taler und Groschen im ganzen Reich gleichen Wert habe; eins, daß mein Reisekoffer durch alle sechsunddreißig Staaten ungeöffnet passieren könne. Es sei eins, daß der städtische Reisepaß eines weimarischen Bürgers von dem Grenzbeamten eines großen Nachbarstaates nicht für unzulänglich gehalten werde als der Paß eines Ausländers. Es sei von Inland und Ausland unter deutschen Staaten überall keine Rede mehr. Deutschland sei ferner eins in Maß und Gewicht, Handel und Wandel und hundert ähnlichen Dingen, die ich nicht alle nennen kann und mag.

Wenn man aber denkt, die Einheit Deutschlands bestehe darin, daß das sehr große Reich eine einzige große Residenz habe und daß diese eine große Residenz wie zum Wohl der Entwicklung einzelner großer Talente, so auch zum Wohl der großen Masse des Volkes gereiche, so ist man im Irrtum.

Zu Eckermann, am 23. 10. 1828 (A 24 S. 702 f.)

DIEB/DIEBSTAHL → Ungerechtes Gut

An Galgen mit dem Dieb!

Die Mitschuldigen, 1. Fassung, 14. Auftritt (B 1 S. 354)

Kleine Diebe hängt man so weg, es haben die großen Starken Vorsprung.

Reineke Fuchs, 8. Gesang (A 3 S. 95)

Es ist wahr, der Diebstahl ist ein Laster: aber der Mensch, der, um sich und die Seinigen vom gegenwärtigen Hungertode zu erretten, auf Raub ausgeht, verdient der Mitleiden oder Strafe?

Die Leiden des jungen Werther, 2. Fassung, 1. Buch,
12. August (A 4 S. 425)

Bei Dienstboten werden gefundene Eßwaren nicht für gestohlen angesehen; so sind auch solche Kunstsachen gleichsam für Leckerbissen zu halten, die man sich zueignet, ohne des Diebstahls schuldig zu werden. Ja, manchem erzeigt man eine unerkannte Wohltat, wenn man sie ihm entwendet und ihn dadurch von der Verantwortlichkeit befreit, nichts davon zu verstehen.

Zu H. J. Koenig, Finanzbeamter, am 30. 9. 1828 (C 3,2 S. 365 f.)

Für Diebstahl haftet (auch) der, durch dessen Hilfe oder Rat allein es zum Diebstahl gekommen ist.

Positiones Juris, These 22, hier übersetzt aus dem Lateinischen (B 2 S. 317).

DIENSTBARKEIT

Auch wenn ein Verkäufer ein Grundstück einfach (ohne nähere Angaben) verkauft, ist er verpflichtet, es frei von Dienstbarkeiten zu leisten.

Positiones Juris, These 37, hier übersetzt aus dem Lateinischen (B 2 S. 318).

DIENSTGESCHÄFTE

Es fragt sich also: ob Sie sich wohl entschlössen, aus einem großen und weiten Kreise (der Dienstgeschäfte) in einen kleinen und engen zu gehen. Beide Arten zu existieren haben ihre Vorzüge; wenn man in einem großen Zirkel weiter wirkt, so wirkt man in einem kleineren sicherer und reiner; der Abdruck unseres eigenen Geistes kommt uns geschwinder entgegen.

Privatschreiben zur Berufung des Oberbergrichters F. v. Schuckmann
von Breslau nach Weimar, 25. 11. 1790 (D 2,1 S. 188)

15

DOKTOR BEIDER RECHTE → Kirchenrechtliche
Dissertation

Was ich studiere? Zuvörderst die Distinktionen (Unterscheidungen) und Subtilitäten (Spitzfindigkeiten), wodurch man Recht und Unrecht einander ziemlich ähnlich gemacht hat; das heißt, ich studiere auf einen Doktor beider Rechte.

. Brief aus Straßburg an E. Th. Langer v. 11. 5. 1770 (B 2 S. 6)

Der Pedell hat schon Antwort: Nein! der Brief kam etwas zur ungelegenen Zeit, und auch das Zeremoniell weggerechnet, ist mirs vergangen Doktor (beider Rechte) zu sein. Ich hab so satt am Lizentieren, so satt an aller Praxis, daß ich höchstens nur des Scheins wegen meine Schuldigkeit tue, und in Deutschland haben beide Gradus gleichen Wert.

Brief aus Frankfurt an J. D. Salzmann in Straßburg, Ende August 1771?,
als abschlägige Antwort auf eine Einladung zu einer zweiten Dissertation
für den Doktorgrad (WA IV,2 S. 1)

E

Ehe

Die Ehe ist der Anfang und der Gipfel aller Kultur. Sie macht den Rohen mild, und der Gebildetste hat keine bessere Gelegenheit seine Milde zu beweisen. Unauflöslich muß sie sein: denn sie bringt so vieles Glück, daß alles einzelne Unglück dagegen gar nicht zu rechnen ist...

Einer von meinen Freunden, dessen gute Laune sich meist in Vorschlägen zu neuen Gesetzen hervortat, behauptete: eine jede Ehe solle nur auf fünf Jahre geschlossen werden. Es sei, sagte er, dies eine schöne, ungrade heilige Zahl und ein solcher Zeitraum eben hinreichend, um sich kennen zu lernen, einige Kinder heranzubringen, sich zu entzweien und, was das Schönste sei, sich wieder zu versöhnen...

Jener Freund, so fuhr er fort, tat noch einen andern Gesetzvorschlag. Eine Ehe sollte nur alsdann für unauflöslich gehalten werden, wenn entweder beide Teile, oder wenigstens der eine Teil, zum dritten Mal verheiratet wäre. Denn was eine solche Person betreffe, so bekenne sie unwidersprechlich, daß sie die Ehe für etwas Unentbehrliches halte.

Die Wahlverwandschaften I, 9. u. 10. Kapitel (A 9 S. 78, 81, 82)

Ehebruch

Du sollst nicht ehebrechen: wie grob, wie unanständig! Klänge es nicht ganz anders, wenn es hieße: Du sollst Ehrfurcht haben vor der ehelichen Verbindung; wo du Gatten siehst, die sich lieben, sollst du dich darüber freuen und teil daran nehmen wie an dem Glück eines heiteren Tages. Sollte sich irgend in ihrem Verhältnis etwas trüben, so sollst du suchen es aufzuklären: du sollst suchen, sie zu begütigen, sie zu besänftigen, ihnen ihre wechselseitigen Vorteile deutlich zu machen, und mit schöner Uneigennützigkeit das Wohl der andern fördern, indem du ihnen fühlbar machst, was für ein Glück aus jeder Pflicht und besonders aus dieser entspringt, welche Mann und Weib unauflöslich verbindet.

Die Wahlverwandtschaften, 2. Teil, 18. Kapitel (A 9 S. 267)

Wer hebt den ersten Stein auf gegen den Ehemann, der im gerechten Zorne sein untreues Weib und ihren nichtswürdigen Verführer aufopfert? Gegen das Mädchen, das in einer wonnevollen Stunde sich in den unaufhaltsamen Freuden der Liebe verliert?

Die Leiden des jungen Werther, 1. Buch, 12. August (H 6 S. 46)

EHESCHEIDUNG

Man sollte nicht so leicht mit Ehescheidungen vorschreiten. Was liegt daran, ob einige Paare sich prügeln und das Leben verbittern, wenn nur der allgemeine Begriff der Heiligkeit der Ehe aufrecht bleibt? Jene würden doch auch andere Leiden zu empfinden haben, wenn sie diese los wären.

Zu dem Juristen F. v. Müller, Kanzler in Weimar, am 7. 4. 1830 (A 23 S. 686)

Man erlebt wohl, daß nach einem zwanzigjährigen Ehestand ein im geheimen mißhelliges Ehepaar auf Scheidung klagt, und jedermann ruft aus: warum habt ihr das so lange geduldet, und warum duldet ihr's nicht bis ans Ende? Allein dieser Vorwurf ist höchst ungerecht. Wer den hohen würdigen Stand, den die eheliche Verbindung in gesetzlich gebildeter Gesellschaft einnimmt, in seinem ganzen Werte bedenkt, wird eingestehen, wie gefährlich es sei, sich einer solchen Würde zu entkleiden; er wird die Frage aufwerfen: ob man nicht lieber die einzelnen Unannehmlichkeiten des Tags, denen man sich meist noch gewachsen fühlt, übertragen und ein verdrießliches Dasein hinschleifen solle, anstatt übereilt sich zu einem Resultat zu entschließen, das denn leider wohl zuletzt, wenn das Fazit allzulästig wird, gewaltsam von selbst hervorspringt.

Biographische Einzelheiten, Voss und Stolberg 1820 (A 12 S. 645)

Eid

Besser geschworen als verloren! –
Ein gezwungener Eid bedeutet wenig.

Reineke Fuchs, 6. Gesang (A 3 S. 74)

Eigentum

Eigentum kann nicht ohne Besitz erworben werden.

Positiones Juris, These 31, hier übersetzt aus dem Lateinischen
(A 4 S. 934; B 2 S. 318)

Taste aber nur einer das Eigentum an, und der Mensch mit seinen Leidenschaften wird sogleich da sein.

Zu Eckermann am 30. 12. 1823 (A 24 S. 538)

Wer keinen Geist hat, glaubt nicht an Geister und somit auch nicht an geistiges Eigentum der Schriftsteller.

Zu Kanzler F. v. Müller am 15. 5. 1823 (A 23 S. 260)

Eigentum

Ich weiß, daß mir nichts angehört
Als der Gedanke, der ungestört
Aus meiner Seele will fließen,
Und jeder günstige Augenblick,
Den mich ein liebendes Geschick
Von Grund aus läßt genießen.

Lieder, 1813 (A 1 S. 73)

ERBE / ERBRECHT → Testament

Der Erblasser kann dem Nutznießer die Sicherheitsleistung für den Fruchtgenuß an verbrauchbaren Sachen nicht zum Nachteil des Erben erlassen. –

Vermacht jemand eine bestimmte Menge von Früchten, entsteht aber nicht so viel, wie er vermacht hat, so ist der Erbe zur Leistung des Ganzen verpflichtet. –

Ein Testament, wodurch ein Nachgeborener übergangen worden ist und (noch) bei Lebzeiten des Erblassers stirbt, hat Gültigkeit. –

Früchte und Zinsen von Vermächtnissen werden vom Zeitpunkt des Verzuges an geschuldet. –

Vorrechte an Sachen gehen auf die Erben über, nicht (aber) persönliche.

Positiones Juris, Thesen 9, 23, 24, 25 u. 33, hier
übersetzt aus dem Lateinischen (B 2 S. 317 f.)

Die Erbfolge – eine Hauptursache der Ungleichheit.

Ephemerides 1770 (A 4 S. 977)

…als wenn ich hinweg wäre, – wie gefühllose unvorsichtige Erben vor dem Abscheiden die Anstalten, sich in Besitz zu setzen, nicht verbergen.

Wilhelm Meisters Wanderjahre, 1. Buch, 1. Kapitel (A 8 S. 17)

Ein jeglicher, gut oder böse, nimmt sich seinen Lohn mit seiner Tat hinweg. Es erbt der Eltern Segen, nicht ihr Fluch.

Iphigenie auf Tauris 2. Fassung, 2. Aufzug, Pylades (A 6 S. 169)

Im Grunde ist es gleichviel, ob einem die glänzenden Güter der Erde durch eigene Eroberung oder durch Erbschaft zugefallen. Die ersten Besitzergreifer waren doch auf jeden Fall Leute von Genie, welche die Unwissenheit und Schwäche der anderen sich zunutze machten.

Zu Eckermann am 17. 3. 1830 (A 24 S. 739)

Mein Erbteil wie herrlich, weit und breit!
Die Zeit ist mein Besitz, mein Acker ist die Zeit.

Freie Übersetzung des lat. Verses „tempus divitae meae,
tempus ager meus" im West-östlichen Divan (A 26 S. 650)

Was du ererbt von deinen Vätern hast,
Erwirb es, um es zu besitzen.

Faust I, Nacht, Faust, Vers 682 f. (A 5 S. 164)

Es erben sich Gesetz' und Rechte
Wie eine ew'ge Krankheit fort...

Faust I, Studierzimmer, Mephisto, Vers 1972 f. (A 5 S. 201 f.)

EXEKUTIVE → Administration → Polizei → Verwaltung

...so komme auch in einem Reiche alles auf die exekutive Gewalt
an; die gesetzgebende möge so vernünftig sein als sie wolle, es hel-
fe dem Staate nichts, wenn die ausführende nicht mächtig sei.

Unterhaltungen deutscher Ausgewanderten (A 9 S. 367)

F

FEHLER → Irrtum

Ich sehe keinen Fehler begehen, den ich nicht auch begangen
hätte.

Maximen und Reflexionen (A 9 S. 522)

FINANZEN → Abgaben → Steuern

Gibt doch die Beschaffenheit der Gerichte und der Heere die
genaueste Einsicht in die Beschaffenheit irgendeines Reichs. Die
Finanzen selbst, deren Einfluß man für so wichtig hält, kommen
viel weniger in Betracht: denn wenn es dem Ganzen fehlt, so darf
man dem einzelnen nur abnehmen, was er mühsam zusammen-
geschart und -gehalten hat, und so ist der Staat immer reich
genug.

Dichtung und Wahrheit, 12. Buch (A 10 S. 573 f.)

Die Goldespforten sind verrammelt
Ein jeder kratzt und scharrt und sammelt,
Und unsre Kassen bleiben leer.

Faust II, Schatzmeister, Vers 4849–51 (A 5 S. 298)

Welch Unheil muß auch ich erfahren!
Wir wollen alle Tage sparen
Und brauchen alle Tage mehr,
Und täglich wächst mir neue Pein.

Faust II, Marschalk, Vers 4852–55 (A 5 S. 298)

FREIHEIT/FREIHEITSRECHTE

Wer Großes will muß sich zusammen raffen.
In der Beschränkung zeigt sich erst der Meister,
Und das Gesetz nur kann uns Freiheit geben.

Was wir bringen, 19. Auftritt (A 3 S. 623)

Sprech er doch nie von Freiheit, als könn er sich selber regieren!
Losgebunden erscheint, sobald die Schranken hinweg sind, alles
Böse, das tief das Gesetz in die Winkel zurücktrieb.

Hermann und Dorothea, 6. Gesang, Vers 78 f. (A 3 S. 210)

Je freier man ist, desto freier will man sein, ... und dies zarte, ja
kranke Gefühl erscheint in schönen Seelen unter der Form der
Gerechtigkeit.

Dichtung und Wahrheit, 12. Buch (A 10 S. 585)

Dazu sind wir bereit: Sicherheit und Ruhe! Ordnung und Freiheit!

Egmont, 1. Aufzug (A 6 S. 16)

Freiheit? Ein schönes Wort, wers recht verstünde. Was wollen sie
für Freiheit? Was ist des Freisten Freiheit? – Recht zu tun!

Egmont, 4. Akt, Alba (A 6 S. 74)

Sie streiten sich, so heißts, um Freiheitsrechte: Genau besehn,
sinds Knechte gegen Knechte.

Faust II, 2. Akt, Mephisto, Vers 6962 f. (A 5 S. 362)

Das ist der Weisheit letzter Schluß:
Nur der verdient sich Freiheit wie das Leben,
Der täglich sie erobern muß.

Faust II, 5. Akt, Faust, Vers 11574–76 (A 5 S. 509)

Glauben Sie ja nicht, daß ich gleichgültig wäre gegen die großen
Ideen Freiheit, Volk, Vaterland. Nein; diese Ideen sind in uns, sie
sind ein Teil unseres Wesens, und niemand vermag sie von sich zu
werfen.

Zu Prof. H. Luden, Historiker in Jena, am 13. 12. 1813 (C 2 S. 866)

FRIEDLICHE GEWALTEN

Es gibt zwei friedliche Gewalten: das Recht und die Schicklichkeit.

Maximen und Reflexionen (A 9 S. 569)

FÜRST/REGENT → Herrscher → Majestät → Regierung

So mög, o Fürst, der Winkel deines Landes
Ein Vorbild deiner Tage sein!
Du kennst die Pflichten deines Standes
Und schränkest nach und nach die freie Seele ein.
Der kann sich manchen Wunsch gewähren,
Der kalt sich selbst und seinem Willen lebt;
Allein wer andre wohl zu leiten strebt,
Muß fähig sein, viel zu entbehren.

So wandle du – der Lohn ist nicht gering –
Nicht schwankend hin, wie jener Sämann ging,
Daß bald ein Korn, des Zufalls leichtes Spiel,
Hier auf den Weg, dort zwischen Dornen fiel;
Nein! streue klug wie reich, mit männlich steter Hand,
Den Segen aus auf ein geackert Land;
Dann laß es ruhn: die Ernte wird erscheinen
Und dich beglücken und die Deinen.

Aus dem Gedicht „Ilmenau", zum 26. Geburtstag des
Herzogs Carl August am 3. 9. 1783 (A 1 S. 164)

Klein ist unter den Fürsten Germaniens freilich der meine;
Kurz und schmal ist sein Land, mäßig nur, was er vermag.

Aber so wende nach innen, so wende nach außen die Kräfte
Jeder, da wärs ein Fest, Deutscher mit Deutschen zu sein,
Epigramm auf seinen Dienstherrn Carl August, 1790 (A 1 S. 229)

Es ist kein schönrer Anblick in der Welt,
Als einen Fürsten sehn, der klug regiert,
Das Reich zu sehn, wo jeder stolz gehorcht,
Wo jeder sich nur selbst zu dienen glaubt,
Weil ihm das Rechte nur befohlen wird.
Tasso, 1. Aufzug, 4. Auftritt, Antonio (A 6 S. 232)

Wenn man für einen Fürsten handelt und spricht, muß man sein
wie ein Scharfrichter, seine Befehle rasch, streng, glattweg vollziehen.
Zu Kanzler F. v. Müller am 13. 6. 1824 (A 23 S. 349)

Soll ich denn also mit Gewalt ein Fürstenknecht sein, so ist es
wenigstens ein Trost, daß ich doch nur der Knecht eines solchen
bin, der selber ein Knecht des allgemeinen Besten ist.
Zu Eckermann am 27. 4. 1825 (A 24 S. 579)

Um populär zu sein, braucht ein großer Regent weiter keine Mittel als seine Größe. Hat er so gestrebt und gewirkt, daß sein Staat
im Innern glücklich und nach außen geachtet ist, so mag er mit
allen seinen Orden im Staatswagen, oder er mag im Bärenfelle
und die Zigarre im Munde auf einer schlechten Droschke fahren,
es ist alles gleich, er hat einmal die Liebe seines Volkes und genießt
immer dieselbe Achtung.
Zu Eckermann am 3. 4. 1829 (A 24 S. 336)

GERECHT

Es ist schwerer als man denkt, gerecht zu sein.

Wilhelm Meisters theatralische Sendung, 2. Buch, 2. Kapitel (A 8 S. 591)

Gerecht zu sein wird dem Jüngling nicht schwer, und ein reines Gemüt verabscheut die Ungerechtigkeit, deren es sich selbst noch nicht schuldig gemacht hat.

Dichtung und Wahrheit, 14. Buch (A 10 S. 666)

Ich sehe gar nicht ein, warum man gegen Ungerechte gerecht sein soll.

An Prof. H. K. A. Eichstädt in Jena, 8. 12. 1808 (DRZ 1949 S. 337)

Eigentlich ist es nur des Menschen, gerecht zu sein und Gerechtigkeit zu üben, denn die Götter lassen alle gewähren, ihre Sonne scheinen über Gerechte und Ungerechte; der Mensch allein geht nach Würdigkeit, nach Verdienst aus.

Zu F. W. Riemer am 1. 9. 1810 (A 22 S. 601)

Das Widerstehn, der Eigensinn
Verkümmern herrlichsten Gewinn,
Daß man, zu tiefer, grimmiger Pein,
Ermüden muß, gerecht zu sein.

Faust II, 5. Akt, Palast, Faust, Vers 11 269–72 (A 5 S. 499)

GERECHTIGKEIT → Ungerechtigkeit

Auch die Gerechtigkeit trägt eine Binde
Und schließt die Augen jedem Blendwerk zu.

Torquato Tasso, 2. Aufzug, 2. Auftritt, Tasso (A 6 S. 251)

Gerechtigkeit: Eigenschaft und Phantom der Deutschen.

Maximen und Reflexionen (A 9 S. 625)

Die Güte des Herzens nimmt einen weiteren Raum ein als der Gerechtigkeit geräumiges Feld.

Maximen und Reflexionen (A 9 S. 666)

Das Menschengeschlecht ist zuweilen etwas verkehrt; aber wo ihm Wärme und Güte herkommt, da steckt es doch bald die Köpfe hin. Gerechtigkeit gehört aber auch zu Wärme und Güte; denn ungerechte Güte ist Härte gegen den Gerechten selbst.

Zu K. L. v. Knebel, November 1807 (Goethes Gespräche,
Gesamtausgabe von Biedermann, 1909/10, Bd. I S. 513)

Aber ich kenne die strenge Gerechtigkeitsliebe meines Königs und Herrn, denn ihn verleitete keiner, je die Wege des Rechtes zu schmälern.

Reineke Fuchs, 9. Gesang (H 2 S. 378)

Die höchste Tugend, wie ein Heiligenschein,
Umgibt des Kaisers Haupt, nur er allein
Vermag sie gültig auszuüben:
Gerechtigkeit! was alle Menschen lieben,
Was alle fordern, wünschen, schwer entbehren,
Es liegt an ihm, dem Volk es zu gewähren.

Faust II, 1. Akt, Kanzler, Vers 4772–77 (A 5 S. 296)

27

Was! Eure Freiheiten, Eure Gerechtigkeit wieder zu erlangen, begeht ihr Taten, die der Gerechtigkeit so laut in die Ohren brüllen, daß sie vor euerm Flehen taub werden muß.

Geschichte Gottfriedens von Berlichingen mit der eisernen Hand,
5. Akt, Berlichingen (B 2 S. 209)

Bei der Energie und Klarheit, mit der Sie zu Werke gehen, bitte ich Sie, Mäßigkeit und Gerechtigkeit immer walten zu lassen. Diese sinds, die auf die Folge unsern Wirkungen immer den größten Nachdruck geben.

Brief an A. W. Schlegel v. 18. 6. 1798 (A 19 S. 343)

Man will nichts über sich dulden; wir wollen nicht beengt sein, niemand soll beengt sein, und dies zarte, ja kranke Gefühl erscheint in schönen Seelen unter der Form der Gerechtigkeit.

Dichtung und Wahrheit, 12. Buch (A 10 S. 585)

Sehr viel ist zu erreichen durch Strenge, mehr durch Liebe. Das meiste aber durch Einsicht und eine unparteiische Gerechtigkeit, bei der kein Ansehn der Person gilt.

Zu Eckermann am 22. 3. 1825 (A 24 S. 565)

GERICHT → Justiz → Richter

Mit Recht und Gericht ist nicht zu spaßen.

Wilhelm Meisters Wanderjahre, 3. Buch, 2. Kapitel (H 8 S. 321)

O wenn aus guten, edlen Menschen nur
Ein allgemein Gericht bestellt entschiede,
Was sich denn ziemt! anstatt daß jeder glaubt,
Es sei auch schicklich, was ihm nützlich ist.

Torquato Tasso, 2. Aufzug, 1. Auftritt, Tasso (A 6 S. 242)

Ich mußte hierbei (in Faust II) eine Zuflucht zu wohltätigen mächtigen Geistern nehmen, wie sie uns in der Gestalt und im Wesen von Elfen überliefert sind. Es ist alles Mitleid und das tiefste Erbarmen. Da wird kein Gericht gehalten und da ist keine Frage, ob er es verdient oder nicht verdient habe, wie es etwa von Menschen-Richtern geschehen könnte.

Zu Eckermann, undatiert, ca. Mai/Juni 1827 (T. Friedrich/L. Scheithauer, Kommentar zu Goethes Faust, Reclam 1991, S. 212)

Vor Gericht

Von wem ich es habe, das sag ich euch nicht,
Das Kind in meinem Leib. —
Pfui! speit ihr aus: die Hure ist da! —
Bin doch ein ehrlich Weib.

Mit wem ich mich traute, das sag ich euch nicht.
Mein Schatz ist lieb und gut,
Trägt er eine goldene Kette am Hals,
Trägt er einen strohernen Hut.

Soll Spott und Hohn getragen sein,
Trag ich allein den Hohn.
Ich kenn ihn wohl, er kennt mich wohl.
Und Gott weiß auch davon.

Herr Pfarrer und Herr Amtmann ihr,
Ich bitte, laßt mich in Ruh!
Es ist mein Kind, es bleibt mein Kind,
Ihr gebt mir ja nichts dazu.

Gedicht aus Goethes Advokatenzeit, vermutlich um 1774/75 (A 1 S. 128)

Gericht Gottes! dir hab ich mich übergeben!

Faust I, Kerker, Margarete, Vers 4605 (A 1 S. 288)

GERICHTSBOTE

Der Gerichtsbote. – Esel der Gerechtigkeit.

Geschichte Gottfriedens von Berlichingen mit der eisernen Hand,
4. Aufzug, Gottfried (B 2 S. 179)

GERICHTSSTUNDE

Weder Irdischen noch Unterirdischen kann gelingen, was dem Schicksal allein vorbehalten ist. Die Gerichtsstunde kommt. Der Böse fällt mit dem Guten.

Wilhem Meisters Lehrjahre, 4. Buch 16. Kapitel (A 7 S. 273)

GESETZ → Recht → Ungesetz

Alle positiven Gesetze sind nur ein mangelhafter Versuch, die Selbsthilfe der Individuen gegeneinander zu verhüten.

Zu Caroline Freifrau v. Egloffstein am 29. 4. 1818 (C 3,1 S. 58 f.)

Der Charakter der Rohheit ist es, nur nach eigenen Gesetzen leben, in fremde Kreise willkürlich übergreifen zu wollen. Darum wird der Staatsverein geschlossen, solcher Rohheit und Willkür abzuhelfen, und alles Recht und alle positiven Gesetze sind wiederum nur ein ewiger Versuch, die Selbsthilfe der Individuen gegeneinander abzuwehren.

Zu Kanzler F. v. Müller nach Aufzeichnungen vom 29. 4. 1818
(C 3,1 S. 62; dazu C 4 S. 357)

Alle Gesetze sind Versuche, sich den Absichten der moralischen Weltordnung im Welt- und Lebenslaufe zu nähern.

Maximen und Reflexionen (A 9 S. 610)

Salus rei publicae suprema lex esto (Das Wohl des Staates soll das oberste Gesetz sein).

Positiones Juris, These 46 (in Anlehnung an Cicero, der jedoch vom salus populi (Wohl des Volkes) sprach), Straßburg 1771 (B 2 S. 57 u. 318)

Man bemerkt, daß strenge Gesetze sich sehr bald abstumpfen und nach und nach loser werden, weil die Natur immer ihre Rechte behauptet.

Wilhelm Meisters Wanderjahre, 3. Buch, 11. Kapitel (A 8 S. 437)

Wenn ihr neue Gesetze macht, so müssen wir uns wieder neue
Mühe geben um auszusinnen, wie wir auch die zunächst übertreten können; bei den alten haben wir es schon weg.

Italienische Reise II, Prinzeßchen (A 11 S. 223)

Alle Gesetze sind von Alten und Männern gemacht. Junge und
Weiber wollen die Ausnahme, Alte die Regel.

Maximen und Reflexionen (A 9 S. 591)

Unsere Gesetze selbst, diese kaltblütigen Pedanten ...

*Die Leiden des jungen Werther, 1. Buch, 12. August
(A 4 S. 423)*

Allein ihr großen Herrn, ihr habt wohl immer recht?
Ihr wollt mit unserm Gut, nur nach Belieben schalten;
Ihr haltet kein Gesetz, und andere sollen's halten.

Die Mitschuldigen, 2. Fassung 1770 (B 1 S. 421)

Wenn man alle Gesetze studieren sollte, so hätte man gar keine
Zeit, sie zu übertreten.

Maximen und Reflexionen (A 9 S. 519)

Es ist besser, es geschehe dir Unrecht, als die Welt sei ohne Gesetz.
Deshalb füge sich jeder dem Gesetze.

Maximen und Reflexionen (A 9 S. 610)

Gesetz ist mächtig, mächtiger ist die Not.

*Faust II, 1. Akt, Kaiserliche Pfalz, Plutus Vers 5800
(A 5 S. 326)*

... Da der Hunger kein Gesetz anerkennt ...

Kampagne in Frankreich, 4. 10. 1792 (A 12 S. 314 f.)

Fast alle Gesetze seien Synthesen des Unmöglichen, zum Beispiel
das Institut der Ehe. Und doch sei es gut, daß dem so sei; es werde

dadurch das Möglichste erstrebt, daß man das Unmögliche postuliere.

Zu Kanzler F. v. Müller am 19. 10. 1823 (A 23 S. 312)

Mit dem Säbel in der Faust, an der Spitze einer Armee, mag man befehlen und Gesetze geben, und man kann sicher sein, daß man gehorcht werde; aber ohne dieses ist es ein mißliches Ding.

Zu Eckermann am 2. 4. 1829 (A 24 S. 331)

Ich hoffe, daß Ihr Vorschlag (zu einem Impfgesetz) durchgegangen ist, so wie ich immer dafür bin, strenge auf ein Gesetz zu halten, zumal in einer Zeit wie die jetzige, wo man aus Schwäche und übertriebener Liberalität überall mehr nachgibt als billig.

Zu Hofrat Vogel, Gespräche mit Eckermann,
am 19. 2. 1831 (A 24 S. 456)

Nicht allein durch die kriegerischen Zustände, in denen wir uns seit einigen Jahren befanden, sondern auch durch das bürgerliche Leben selbst, durch Lesen von Geschichten und Romanen, war es uns nur allzu deutlich, daß es sehr viele Fälle gebe, in welchen die Gesetze schweigen und dem einzelnen nicht zu Hilfe kommen, der dann sehen mag, wie er sich aus der Sache zieht.

Dichtung und Wahrheit, 1. Teil, 4. Buch,
Aus Goethes Jugendzeit (A 10 S. 162)

Ja, ich möchte beinah behaupten: es sei besser nach Regeln zu irren, als zu irren, wenn uns die Willkür unserer Natur hin und her treibt, und wie ich die Menschen sehe, scheint mir in ihrer Natur immer eine Lücke zu bleiben, die nur durch ein entschieden ausgesprochenes Gesetz ausgefüllt werden kann.

Wilhelm Meisters Lehrjahre, 8. Buch, 3. Kapitel, Natalie (A 7 S. 566)

Ich darf wohl aussprechen, daß jedes Schlimme, Schlimmste, was uns innerhalb des Gesetzes begegnet, es sei natürlich oder bürgerlich, körperlich oder ökonomisch, immer noch nicht den tausendsten Teil der Unbilden aufwiegt, die wir durchkämpfen müssen, wenn wir außer oder neben dem Gesetz, oder vielleicht gar Gesetz und Herkommen durchkreuzend, einhergehen und doch zugleich mit uns selbst, mit andern und der moralischen Weltordnung im Gleichgewicht zu bleiben, die Notwendigkeit empfinden.

Brief an K. E. Schubarth v. 7. 11. 1821
(WA IV, 35 S. 170)

Wo das Gesetz nicht hilft, da muß Klugheit raten.

Brief an Verleger Cotta v. 25. 3. 1816, (WA IV, 36 S. 308)

Verworrenheit der Gesetze unentwirrbar. Gesetz an sich selbst – Notwendigkeit der positiven (Gesetze), die nun einmal entscheiden, ob hüben oder drüben. Würfel, Münz um Münz!

Einfälle und Notizen, Juli–Oktober 1775 (B 5 S. 380)

Da man in Deutschland Gesetze haben wollte, mußte man zugreifen. Es war kein schicklicheres Buch trotz allen Unschicklichkeiten als das Corpus Juris. Daher alle Neuerer klagen von verstobenen, vernachlässigten deutschen Gesetzen ungehörig. Denn sie waren kein Buch pp. Alle die tausend Fälle, die entschieden sind, ohne daß sie je vorkommen mehr! Obs besser sei, die gezwungenen Anwendungen der Gesetze oder eine Revolution um neue, die auch nicht lange grad angewendet werden müßten. Streit mit Nadeln. Gesetze des Kartenspiels.

Einfälle und Notizen, Juli–Oktober 1775 (B 5 S. 380)

Das Gesetz werde nur immer deshalb aufgestellt, damit eben Ausnahmen gemacht werden könnten; die Ausnahmen seien gerade die Hauptsache.

Zu K. A. Varnhagen v. Ense am 19. 9. 1829 (A 23 S. 642.)

Forsche der Philosoph, der Weltmann handle! Doch weh uns, Handelt der Forscher und gibt, der es vollzieht, das Gesetz.

Xenien aus dem Nachlaß, Verkehrter Beruf
(A 2 S. 501)

Da ich diesen § nochmals durchgehe, scheint es mir doch rätlicher, denselben nach dem Vorschlage des Herrn Geheimen Assistenzrat Schmidts lieber umzuändern; man kann in einem Gesetze nicht deutlich genug sein und der Bogen leichte umgeschrieben werden.

Votum zu einer Gesetzesvorlage v. 30. 11. 1784 (D 1 S. 327)

Das Gesetz macht den Menschen,
Nicht der Mensch das Gesetz.
Die große Notwendigkeit erhebt,
Die kleine erniedrigt den Menschen.

Tagebücher, 25. 5. 1797 (A 26 S. 209)

Wer ein Gesetz verfaßt, betrachte den Sinn seiner Zeiten.

Votum vom 14. 12. 1780 (D 1 S. 116)

Denn das Gesetz haben die Menschen sich selbst auferlegt, ohne zu wissen, über was sie Gesetze gaben; aber die Natur haben alle Götter geordnet.

Was nun die Menschen gesetzt haben, das will nicht passen, es mag recht oder unrecht sein; was aber die Götter setzten, das ist immer am Platz, recht oder unrecht.

Maximen und Reflexionen (A 9 S. 581)

Wer sich den Gesetzen nicht fügen lernt, muß die Gegend verlassen, wo sie gelten.

Wilhelm Meisters Wanderjahre, 2. Buch,
2. Kapitel (A 8 S. 180 f.)

Vergebens werden ungebundene Geister
Nach der Vollendung reiner Höhe streben.
Wer großes will, muß sich zusammen raffen.
In der Beschränkung zeigt sich erst der Meister,
Und das Gesetz nur kann uns Freiheit geben.

Schauspiel „Was wir bringen", 19. Auftritt
(A 3 S. 623.)

GESETZ UND ORDNUNG

Eugenie: Was ist Gesetz und Ordnung ? Können sie
Der Unschuld Kindertage nicht beschützen?
Wer seid denn ihr, die ihr mit leerem Stolz
Durchs Recht Gewalt zu bändigen euch berühmt?

Gerichtsrat: In abgeschlossnen Kreisen lenken wir,
Gesetzlich streng, das in der Mittelhöhe
Des Lebens wiederkehrend Schwebende.
Was droben sich, in ungemessnen Räumen,
Gewaltig seltsam hin und her bewegt,
Belebt und tötet ohne Rat und Urteil,
Das wird nach anderm Maß, nach andrer Zahl
Vielleicht berechnet, bleibt uns rätselhaft.

Eugenie: Und ist das alles? Hast du weiter nichts
zu sagen, zu verkünden?

Gerichtsrat: Nichts!

Die natürliche Tochter, 4. Aufzug, 2. Auftritt (A 6 S. 376 f.)

Nach seinem Sinne leben ist gemein.
Der Edle strebt nach Ordnung und Gesetz.

Paralipomena zu: Die natürliche Tochter, handschriftliches Schema
der Fortsetzung (WA I, 10 S. 444)

Gott sandte seinen rohen Kindern
Gesetz und Ordnung, Wissenschaft und Kunst,
Begabte, die mit aller Himmelsgunst,
Der Erde grasses Los zu mindern.

Parabolisch (A 1 S. 569)

Dieser schöne Begriff von Macht und Schranken, von Willkür
Und Gesetz, von Freiheit und Maß, von beweglicher Ordnung,
Vorzug und Mangel erfreue dich hoch.

Gott und Welt, Parabase (A 1 S. 521 = A 17 S. 269)

Das Muß ist hart, aber beim Muß kann der Mensch allein zeigen, wie's inwendig mit ihm steht. Willkürlich leben kann jeder.

Brief an J. F. Krafft v. 31. 1. 1781 (A 18 S. 564)

GESETZ UND RECHTE

Es erben sich Gesetz und Rechte
Wie eine ewge Krankheit fort;
Sie schleppen von Geschlecht sich zum Geschlechte
Und rücken sacht von Ort zu Ort.
Vernunft wird Unsinn, Wohltat Plage;
Weh dir, daß du ein Enkel bist!
Vom Rechte, das mit uns geboren ist,
Von dem ist, leider! nie die Frage.

Faust I, Studierzimmer, Mephisto, Vers 1772–79
(A 5 S. 201 f.)

Muß man doch auch von allen Seiten hören: es sei des Königs Absicht weniger, die Provinzen nach einförmigen und klaren Gesetzen zu regieren, ... als vielmehr sie unbedingt zu unterjochen, sie ihrer alten Rechte zu berauben.

Egmont, 4. Aufzug, Egmont (A 6 S. 73 f.)

GESETZ UND SITTE

Alle Gesetze und Sittenregeln lassen sich auf eines zurückführen: Wahrheit. Fehler der Individualität als solcher gäbe die moralische Weltordnung jedem zu und nach; darüber möge jeder mit sich selbst fertig werden und bestrafe sich auch selbst dafür; aber wo man über die Grenzen der Individualität herausgreife, frevelnd, störend, unwahr, da verhänge die Nemesis früh oder spät angemessene äußere Strafe.

Zu Kanzler F. v. Müller am 28. 3. 1819
(A 23 S. 49)

Ein ähnliches Entsetzen überfällt uns dagegen, wenn wir den Menschen unvernünftig gegen allgemein anerkannte sittliche Gesetze, unverständig gegen seinen eignen und fremden Vorteil handeln sehen. Um das Grauen loszuwerden, das wir dabei empfinden, verwandeln wir es sogleich in Tadel, in Abscheu und wir suchen uns von einem solchen Menschen entweder wirklich oder in Gedanken zu befreien.

Dichtung und Wahrheit, 4. Teil, 16. Buch (A 10 S. 734)

GESETZBUCH

Ein (alles umfassendes) Gesetzbuch ist niemals zusammen zu stellen; eher sind Einzelgesetze (Tafeln) zu verfassen, kurz im Wortlaut, weitreichend an Beweiskraft.

Positiones Juris, These 49/50 (hier übersetzt aus dem Lateinischen),
Straßburg 1771 (B 2 S. 318)

Der Menschen Leben ist kurz und in einer Generation kommen nicht alle Casus vor. Eine Sammlung solcher Fälle vieler Jahrhunderte ist unser Gesetzbuch, und dann ist der Wille, und die Meinung der Menschen schwankend; dem deucht heute das Recht, was der andere Morgen mißbilligt, und so ist Verwirrung und Ungerechtigkeit unvermeidlich.

Geschichte Gottfriedens von Berlichingen mit der eisernen Hand,
1. Aufzug, Olearius (B 2 S. 113)

GESETZGEBUNG

Jede Gesetzgebung gebührt dem Fürsten.

Positiones Juris, These 43 (in Anlehnung an das Römische Recht),
Straßburg 1771 (B 2 S. 318)

Ich hatte mir daher in meinem jugendlichen Sinne festgesetzt, daß der Staat, der Gesetzgeber, das Recht habe, einen Kultus zu

37

bestimmen, nach welchem die Geistlichkeit lehren und sich benehmen solle, die Laien hingegen sich äußerlich und öffentlich genau zu richten hätten.

Dichtung und Wahrheit, 3. Teil, 11. Buch (A 10 S. 518)

Wer ein Gesetz verfaßt, betrachte den Sinn seiner Zeiten.

Zeugnisse amtlicher Tätigkeit, Betrachtungen über die
abzuschaffende Kirchenbuße (A 12 S. 721)

Der Mensch, wo er bedeutend auftritt, verhält sich gesetzgebend, vorerst im Sittlichen durch Anerkennung der Pflicht... Im Regiment, es sei friedlich oder kriegerisch, geschieht das gleiche: Handlung und Tat sind nur von Bedeutung, wenn er sie sich selbst und andern vorschrieb.

Aufsätze, Probleme (A 17 S. 178)

Eckermann: Es gibt aber nicht bloß ein Glück, was ich als einzelnes Individuum, sondern auch ein solches, was ich als Staatsbürger und Mitglied einer großen Gesamtheit genieße. Wenn man nun die Erreichung des möglichsten Glückes für ein ganzes Volk nicht zum Prinzip macht, von welcher Basis soll da die Gesetzgebung ausgehen?

Goethe: Wenn Sie da hinaus wollen, so habe ich freilich gar nichts einzuwenden. In solchem Fall könnten aber nur sehr wenige Auserwählte von Ihrem Prinzip Gebrauch machen. Es wäre nur ein Rezept für Fürsten und Gesetzgeber; wie wohl es mir auch da scheinen will, als ob die Gesetze mehr trachten müßten, die Masse der Übel zu vermindern, als sich anmaßen zu wollen, die Masse des Glückes herbeizuführen.

Gespräch mit Eckermann am 20. 10. 1830 (A 24 S. 753)

Der Erzieher muß die Kindheit hören, nicht das Kind; der Gesetzgeber und Regent die Volkheit, nicht das Volk. Jene spricht immer dasselbe aus, ist vernünftig, beständig, rein und wahr; dieses weiß niemals vor lauter Wollen, was es will. Und in diesem Sinne soll und kann das Gesetz der allgemein ausgesprochene Wille der Volkheit sein, ein Wille, den die Menge niemals ausspricht, den aber der Verständige vernimmt, und den der Vernünftige zu befriedigen weiß und der Gute gern befriedigt.

Maximen und Reflexionen (A 9 S. 590)

Gesetzgeber oder Revolutionärs, die Gleichsein und Freiheit zugleich versprechen, sind Phantasten oder Charlatans.

Maximen und Reflexionen (A 9 S.622)

GEWALT UND RECHT

Man hat Gewalt, so hat man Recht.
Man fragt ums Was und nicht ums Wie!

Faust II, 5. Akt, Palast, Mephisto, Vers 11184/85
(A 5 S. 496)

Es gibt zwei friedliche Gewalten: das Recht und die Schicklichkeit.

Maximen und Reflexionen (A 9 S. 569)

Wer seid denn ihr, die ihr mit leerem Stolz
Durchs Recht Gewalt zu bändigen euch berühmt?

Die natürliche Tochter, 4. Akt, 2. Aufzug, Eugenie (A 6 S. 377)

Wer die höchste Gewalt besitze, habe recht; ehrfurchtsvoll müsse man sich vor ihm beugen.

Zu Kanzler F. v. Müller am 6. 3. 1828 (A 23 S. 531)

Nicht ist von Recht noch von Gericht die Rede.
Hier ist Gewalt! entsetzliche Gewalt . . .

Die natürliche Tochter, 4. Aufzug, 1. Auftritt (A 6 S. 369)

39

GEWOHNHEITSRECHT

Gewohnheitsrecht hebt auf und bessert das geschriebene Gesetz.

Gewohnheitsrecht hebt das Gesetz nicht auf.

> Positiones Juris, Thesen 2 und 45, in Anlehnung an die widersprechenden Stellen aus den Digesten und dem Codex des Römischen Rechts, Straßburg 1771, hier übersetzt aus dem Lateinischen (B 2 S. 317 f.)

Es zeigten sich große Bewegungen in der Jurisprudenz; es sollte mehr nach Billigkeit geurteilt werden; alle Gewohnheitsrechte sah man täglich gefährdet.

> Dichtung und Wahrheit, 11. Buch (A 10 S. 517)

Uns gehts in allen Dingen schlecht:
Herkömmliche Gewohnheit, altes Recht,
Man kann auf gar nichts mehr vertrauen!

> Faust II, 5. Akt, Grablegung, Mephisto, Vers 11620/22 (A 5 S. 510)

GLÄUBIGERSCHUTZ

Dadurch, daß in vorigen Zeiten die hypothekarischen Gläubiger so schlecht beraten waren, hat man, wie es mir scheint, sich verleiten lassen, eine allzugroße Sicherheit für sie zu suchen, anstatt daß vielleicht in der Mitte das Billige, Rätliche und Tunliche sich befindet...

> Votum zur Revision der Konkursordnung in Weimar, 16. 8. 1781 (D 1 S. 157)

GLEICHHEIT/GLEICH SEIN

In der Gesellschaft sind alle gleich. Es kann keine Gesellschaft anders als auf den Begriff der Gleichheit begründet sein, keineswegs aber auf den Begriff der Freiheit. Die Gleichheit will ich in der Gesellschaft finden; die Freiheit, nämlich die sittliche, daß ich mich subordinieren mag, bringe ich mit. –

Die Gesellschaft, in die ich trete, muß also zu mir sagen: „Du sollst allen uns andern gleich sein." Sie kann aber nur hinzufügen: „Wir wünschen, daß du auch frei sein mögest", das heißt: Wir wünschen, daß du dich mit Überzeugung, aus freiem vernünftigem Willen deiner Privilegien begibst. –

Gesetzgeber oder Revolutionärs, die Gleichsein und Freiheit zugleich versprechen, sind Phantasten oder Charlatans. –

Eingebildete Gleichheit: das erste Mittel, die Ungleichheit zu zeigen.

Maximen und Reflexionen (A 9 S. 622)

Machts einander nur nicht sauer;
Hier sind wir gleich, Baron und Bauer.

Sprichwörtlich (A 1 S. 435)

Die Gleichheit ist in allen Ständen der Grund der Ordnung und des Guten.

Deutsche Literatur, Nachrede (A 14 S. 166)

Gleich zu sein unter Gleichen,
Das läßt sich schwer erreichen:
Du müßtest, ohne Verdrießen,
Wie der Schlechteste zu sein dich entschließen.

Sprichwörtlich (A 1 S. 430)

Egalité

Das Größte will man nicht erreichen,
Man beneidet nur seinesgleichen;
Der schlimmste Neidhart ist in der Welt
Der jeden für seinesgleichen hält.

Epigrammatisch (A 1 S. 461)

Keiner sei gleich dem andern; doch gleich sei jeder dem Höchsten. Wie das zu machen? Es sei jeder vollendet in sich.

Vier Jahreszeiten, Herbst (A 1 S. 261)

GOTTESURTEIL

Alles Furchtbare, was ich in den Geschichten der Mittelzeit von Gottesurteilen, den seltsamsten Prüfungen durch glühendes Eisen, flammendes Feuer, schwellendes Wasser gelesen hatte, selbst was uns die Bibel von der Quelle erzählt, die dem Unschuldigen wohl bekommt, den Schuldigen aufbläht und bersten macht, das alles stellte sich meiner Einbildungskraft dar und vereinigte sich zu dem höchsten Furchtbaren, indem falsche Zusage, Heuchelei, Meineid, Gotteslästerung, alles bei der heiligsten Handlung auf dem Unwürdigen zu lasten schien, welches um so schrecklicher war, als ja niemand sich für würdig erklären durfte.

Dichtung und Wahrheit, 7. Buch (A 10 S. 323 f.)

GREUELTAT

Denn das ist die Eigenschaft der Greueltat, daß sie auch Böses über den Unschuldigen, wie der guten Handlung, daß sie viele Vorteile auch über den Unverdienten ausbreitet, ohne daß der Urheber von beiden oft weder bestraft noch belohnt wird.

Wilhelm Meisters Lehrjahre, 4. Buch, 16. Kapitel (A 7 S. 273)

HERRSCHEN/HERRSCHER → Fürst → Regierung/regieren

Herrschen lernt sich leicht, regieren schwer. –
Herrschen heißt, sich und anderen im ernstlichen Sinne wohltätig sein.

Maximen und Reflexionen (A 9 S. 624)

Mache zum Herrscher sich der, der seinen Vorteil verstehet: Doch wir wählten uns den, der sich auf unsern versteht.

Epigramme (A 1 S. 225)

Niemand als wer sich ganz verleugnet, ist wert zu herrschen und kann herrschen.

Tagebuch 13. 5. 1780 (A 26 S. 102)

I

IRRTUM, IRREN

Jeder Irrtum, der aus dem Menschen und aus den Bedingungen, die ihn umgeben, unmittelbar entspringt, ist verzeihlich, oft ehrwürdig; aber alle Nachfolger im Irrtum können nicht so billig behandelt werden.

Farbenlehre, Historischer Teil (A 16 S. 580)

Jede Rückkehr vom Irrtum bildet mächtig den Menschen im einzelnen und ganzen aus, so daß man wohl begreifen kann, wie dem Herzensforscher ein reuiger Sünder lieber sein kann als neunundneunzig Gerechte.

Brief an H. K. Eichstädt v. 15. 9. 1804 (A 19 S. 471)

Gewöhnlich wehrt sich der Mensch, solange als er kann, den Toren, den er im Busen hegt, zu verabschieden, einen Hauptirrtum zu bekennen und eine Wahrheit einzugestehen, die ihn zur Verzweiflung bringt.

Wilhelm Meisters Lehrjahre, 2. Buch, 2. Kapitel (A 7 S. 85)

Ich möchte beinah behaupten: es sei besser, nach Regeln zu irren, als zu irren, wenn uns die Willkür unserer Natur hin und her treibt, und wie ich die Menschen sehe, scheint mir in ihrer Natur immer eine Lücke zu bleiben, die nur durch ein entschieden ausgesprochenes Gesetz ausgefüllt werden kann.

Wilhelm Meisters Lehrjahre, 8. Buch, 3. Kapitel (A 7 S. 566)

Man muß seine Irrtümer teuer bezahlen, wenn man sie los werden will.

Maximen und Reflexionen (A 9 S. 533)

44

„Wir quälen uns immerfort
in des Irrtums Banden."
Wie manches verständliche Wort
Habt ihr mißverstanden.–

Einem unverständigen Wort
Habt ihr Sinn geliehen;
Und so gehts immer fort:
Verzeiht, euch wird verziehen.

Zahme Xenien IV (A 1 S. 642)

Es irrt der Mensch, so lang' er strebt.

Faust I, Prolog im Himmel, Der Herr, Vers 317 (A 5 S. 151)

Der Irrtum verhält sich gegen das Wahre wie der Schlaf gegen das
Wachen. Ich habe bemerkt, daß man aus dem Irren sich wie
erquickt wieder zu dem Wahren hinwende.

Maximen und Reflexionen (A 9 S. 534)

J

JURISPRUDENZ → Juristerei → Rechtsgelehrter

Die Jurisprudenz fängt an, mir sehr zu gefallen. So ists doch mit allem wie mit dem Merseburger Biere, das erstemal schauert man, und hat mans eine Woche getrunken, so kann mans nicht mehr lassen.

Brief an S. K. v. Klettenberg v. 26. 8. 1770 (B 2 S. 14)

Unter all meinen Talenten ist meine Jurisprudenz der geringsten eins. Das bißchen Theorie, und Menschenverstand, richtens nicht aus.

Brief an J. Ch. Kestner v. 25. 12. 1773 (B 3 S. 60)

Es zeigten sich große Bewegungen in der Jurisprudenz; es sollte mehr nach Billigkeit geurteilt werden; alle Gewohnheitsrechte sah man täglich gefährdet, und besonders dem Kriminalwesen stand eine große Veränderung bevor. Was mich selbst betraf, so fühlte ich wohl, daß mir zur Ausfüllung jener Rechtstopik, die ich mir gemacht hatte, unendlich vieles fehle; das eigentliche Wissen ging mir ab, und keine innere Richtung drängte mich zu diesen Gegenständen.

Dichtung und Wahrheit, 11. Buch, Zum Jurastudium in Straßburg
(A 10 S. 517)

JURIST → Advokat(ur) → Rechtsgelehrter → Richter
          → Staatsdiener

Der Pöbel hätte mich fast gesteinigt wie er hörte, ich sei ein Jurist.

Geschichte Gottfriedens von Berlichingen mit der eisernen Hand,
1. Aufzug, Der bischöfliche Palast in Bamberg, Olearius (B 2 S. 113)

Sie halten den Juristen so arg als einen Verwirrer des Staats, einen Beutelschneider.

Götz von Berlichingen mit der eisernen Hand, 2. Fassung, 1. Akt, Olearius
(B 3 S. 200)

Der Jurist gewinnt dir deinen Prozeß und bringt deinen Gegner, der gleiches Recht hat, an den Bettelstab.

Die Aufgeregten, 1. Aufzug, 4. Auftritt, Breme von Bremenfeld
(A 6 S. 715)

Die Gesetze präskribieren (verjähren) ja alle in mehr oder weniger Jahren, das ist bekannt. Der praktische Jurist muß sich über die einzelnen Fälle geschickt und mit Wohlwollen hinaus zu helfen suchen.

Zu Kanzler F. v. Müller am 9. 8. 1827 (C 3, 2 S. 160)

Ihr Juristen habt ein eigenes Feld, ihr hört und prüft beide Teile, ehe die Entscheidung folgt; auch in der Naturwissenschaft muß man die verschiedenen Ansichten, meist Hypothesen, gelassen anhören, prüfen, und seine Meinung bescheiden äußern.

Zu J. S. Grüner, Magistrats- und Polizeirat in Eger, am 28. 7. 1822
(C 3,1 S. 385)

Mein Vater, ein gründlicher, ja eleganter Jurist, führte seine Geschäfte selbst, die ihm sowohl die Verwaltung seines Vermögens als die Verbindung mit wertgeschätzten Freunden auferlegte, und ob ihm gleich sein Charakter als kaiserlicher Rat zu praktizieren nicht erlaubte, so war er doch manchem Vertrauten als Rechtsfreund zur Hand, indem die ausgefertigten Schriften von einem ordinierten Advokaten unterzeichnet wurden, dem denn jede solche Signatur ein Billiges einbrachte.

Dichtung und Wahrheit, 17. Buch (A 10 S. 756)

Ihr Juristen seid doch das wunderlichste Volk auf der Welt!

Zu Prof. G. Hugo, Rechtslehrer in Göttingen,
am 23. 5. 1809 (C 2 S. 445)

Wer seinen Reichtum vermehrt, seine geistige Tätigkeit besonders im juristischen und Staatsfache gesteigert sah, der konnte sich überall eines bedeutenden Einflusses erfreuen.

Dichtung und Wahrheit, 17. Buch (A 10 S. 773)

Man beobachtet den Theologen, man spottet über den Mediziner, man scherzt über den Philosophen, man läßt den Juristen gewähren und bedenkt nicht, daß alle diese Männer von der Zeit gebildet werden und die Zeit bilden helfen und daß alles, was sie lehren, auf das bürgerliche Leben den größten Einfluß hat.

Ansprachen, über die verschiedenen Zweige der hiesigen Tätigkeit, 1789
(A 12 S. 680)

JURISTEREI → Jurisprudenz → Rechtsgelehrsamkeit → Rechtsstudium/Rechtswissenschaft

Habe nun, ach! Philosophie,
Juristerei und Medizin,
Und leider auch Theologie
Durchaus studiert, mit heißem Bemühn.
Da steh' ich nun, ich armer Tor,
Und bin so klug als wie zuvor!
Heiße Magister, heiße Doktor gar,
Und ziehe schon an die zehen Jahr'
Herauf, herab und quer und krumm
Meine Schüler an der Nase herum —
Und sehe, daß wir nichts wissen können!
Das will mir schier das Herz verbrennen ...

Faust I, Nacht, Faust, Vers 354–365 (A 5 S. 69)

JURISTISCHE FAKULTÄT

Einer hochansehnlichen juristischen Fakultät, zu der ich, meinen frühesten Studien und Bestimmungen zu Folge mich anzuschließen geeignet bin, finde ich mich ... dankbar verpflichtet.

Auch noch im gegenwärtigen Zeitmomente muß es mich höchlich freuen, in frühester Jugend dasjenige gewahrt zu haben, was in den Folgejahren als Grund aller rechtlichen Einsicht, als Regel des gesetzlichen Denkens und Urteilens ohne Widerrede anerkannt wird. Ja ich darf wohl hinzufügen: wäre dieses Fach zu jener Zeit auf Akademien wie gegenwärtig behandelt worden, so würde ich mich demselben ganz mit dem größten Eifer gewidmet haben.

Dankschreiben an die Juristische Fakultät der Universität Jena
v. 7. 12. 1825 (WA IV, 40 S. 156)

JUSTIZ → Gericht → Richter

Ich seh's, man wird zum Dieb geboren wie zum Dichter;
Und pfuscht nur einer drein, so fühlt er wie der Blitz,
Die Peitsche der Kritik, die Rute der Justiz. –

Nun weiß man, die Justiz behält stets was für sich...

Die Mitschuldigen, 2. Fassung, 2. Aufzug, 1. Auftritt, Söller (B 1 S. 376)

KINDESTÖTUNG → Todesstrafe

Ob eine Frau, die ein soeben geborenes Kind umbringt, der Todesstrafe zu unterwerfen sei, ist eine Streitfrage unter den Doktoren.

Positiones Juris, These 55, Straßburg 1771, hier übersetzt aus dem
Lateinischen (B 2 S. 318)

KIRCHENRECHT

Über alles, was offenkundig geschieht, richtet der (weltliche) Richter, über die verborgenen Dinge die Kirche.

Positiones Juris, These 42, Straßburg 1771, hier übersetzt aus dem
Lateinischen (B 2 S. 318)

Mich hatte von jeher der Konflikt, in welchem sich die Kirche, der öffentlich anerkannte Gottesdienst, nach zwei Seiten hin befindet und immer befinden wird, höchlich interessiert. Denn einmal liegt sie im ewigen Streit mit dem Staat, über den sie sich erheben, und sodann mit den einzelnen, die sie alle zu sich versammeln will. Der Staat von seiner Seite will ihr die Oberherrschaft nicht zugestehen, und die einzelnen widersetzen sich ihrem Zwangsrechte...

Ich hatte mir daher in meinem jugendlichen Sinne festgesetzt, daß der Staat, der Gesetzgeber, das Recht habe, einen Kultus zu bestimmen, nach welchem die Geistlichkeit lehren und sich benehmen solle, die Laien hingegen sich äußerlich und öffentlich genau zu richten hätten; übrigens sollte die Frage nicht sein, was jeder bei sich denke, fühle oder sinne. Dadurch glaubte ich alle Kollisionen auf einmal gehoben zu haben.

Dichtung und Wahrheit, 11. Buch (A 10 S. 518)

KIRCHENRECHTLICHE DISSERTATION
→ Doktor beider Rechte

Ich wählte deshalb zu meiner Disputation (für eine staats- und kirchenrechtliche Promotion in Straßburg) die erste Hälfte dieses Themas: daß nämlich der Gesetzgeber nicht allein berechtigt, sondern verpflichtet sei, einen gewissen Kultus festzusetzen, von welchem weder die Geistlichkeit noch die Laien sich lossagen dürften. Ich führte dieses Thema teils historisch, teils räsonierend aus, indem ich zeigte, daß alle öffentlichen Religionen durch Heerführer, Könige, und mächtige Männer eingeführt worden, ja daß dieses sogar der Fall mit der christlichen sei...

Der Dekan, ein lebhafter gescheiter Mann, fing mit vielen Lobeserhebungen meiner Arbeit an, ging dann zum Bedenklichen derselben über, welches er nach und nach in ein Gefährliches zu verwandeln wußte und damit schloß, daß es nicht rätlich sein möchte, diese Arbeit als akademische Dissertation bekanntzumachen. Der Aspirant habe sich der Fakultät als einen denkenden jungen Mann gezeigt, von dem sie das Beste hoffen dürfe; sie wolle mich gern, um die Sache nicht aufzuhalten, über Theses disputieren lassen...

Dichtung und Wahrheit, 11. Buch (A 10 S. 518)

KONSTITUTION → Verfassung

Die Konstitutionen sind wie die Kuhpocken, sie führen über einmal grassierende Krankheiten leichter hinweg, wenn man sie zeitig einimpft.

An Kanzler F. v. Müller am 11. 6. 1822 (A 23 S. 198)

Konstitutionell sind wir alle auf Erden;
Niemand soll besteuert werden,
Als wer repräsentiert ist.
Da dem also ist,
Frag ich und werde kühner:
Wer repräsentiert denn die Diener?

Zahme Xenien (A 2 S. 411)

51

KONTRIBUTION → Abgaben → Steuern

Die Redlichkeit, die kennt man schon,
Sie heißet: Kontribution.
Ihr alle seid auf gleichem Fuß:
„Gib her!" das ist der Handwerksgruß.

Faust II, 4. Akt, Habebald, Vers 10827/30 (A 5 S. 485)

KREDIT

Der Kredit ist eine durch reale Leistungen erzeugte Idee der Zuverlässigkeit.

Maximen und Reflexionen (A 9 S. 621)

KUPPELEI

Das ist ein Weib wie auserlesen
Zum Kuppler- und Zigeunerwesen!

Faust I, Straße, Mephisto, Vers 3029 f. (A 5 S. 237)

Könnt ich dir nur an den dürren Leib,
Du schändlich-kupplerisches Weib!

Faust I, Nacht, Valentin, Vers 3766 f. (A 5 S. 261)

Wenn du nicht kuppeln und Schulden bezahlen kannst, so bist du unter ihnen (den Menschen) nichts nütze.

Wilhelm Meisters Wanderjahre, 1. Buch, 3. Kapitel (A 8 S. 39)

Wer kuppelt nicht einmal, um selber zu genießen?

Paralipomena zu Faust II (A 5 S. 604)

M

MACHT

„Sage mir, was das für Pracht ist?
Äußre Größe, leerer Schein!"
Oh! Zum Henker! Wo die Macht ist,
Ist doch auch das Recht, zu sein.

Zahme Xenien (A 2 S. 413)

Die Macht soll handeln und nicht reden.

Maximen und Reflexionen (A 9 S. 624)

Der obern Macht ist schwer zu widerstehen.

Die natürliche Tochter, 4. Akt, 2. Auftritt, Gerichtsrat (A 6 S. 378)

MÄCHTIGE, DER

Schlägt mich ein Mächtiger, daß es schmerzt,
So tu ich als hätt er nur gescherzt;
Doch ist es einer von meinesgleichen,
Den weiß ich wacker durchzustreichen.

Epigrammatisch, Der Narr epilogiert
(A 1 S. 565)

... denn vor Anteil und Bewegung
Vergissest du der Klugheit erstes Wort,
Daß man den Mächtigen nicht reizen soll.

Iphigenie 2. Fassung, 5. Aufzug, 3. Auftritt,
Thoas (A 6 S. 202)

53

MAJESTÄT → Fürst/Regent → Herrscher

Majestät ist das Vermögen, ohne Rücksicht auf Belohnung oder Bestrafung recht oder unrecht zu handeln.

Maximen und Reflexionen (A 9 S. 624)

MENSCH

Nimmst du die Menschen für schlecht, du kannst dich verrechnen, oh Weltmann!

Schwärmer, wie bist du getäuscht, nimmst du die Menschen für gut.

Xenien aus dem Nachlaß, Doppelter Irrtum (A 2 S. 502)

Wenn wir die Menschen nur nehmen, wie sie sind, so machen wir sie schlechter; wenn wir sie behandeln, als wären sie, was sie sein sollten, so bringen wir sie dahin, wohin sie zu bringen sind.

Wilhelm Meisters Lehrjahre, 8. Buch, 4. Kapitel (A 7 S. 570 f.)

Allein kann der Mensch nicht wohl bestehen, daher schlägt er sich gern zu einer Partei, weil er da, wenn auch nicht Ruhe, doch Beruhigung und Sicherheit findet.

Maximen und Reflexionen (A 9 S. 549)

Alle brauchbaren Menschen sollen in Bezug untereinander stehen, wie sich der Bauherr nach dem Architekten und dieser nach Maurer und Zimmermann umsieht.

Wilhelm Meisters Wanderjahre, 3. Buch, 9. Kapitel (A 8 S. 419)

Das höchste organisierte Wesen ist der Mensch.

Schriften zur Kunst (A 13 S. 235)

Er hatte zu wenig Kenntnis der Welt, um zu wissen, daß eben ganz leichtsinnige und der Besserung unfähige Menschen sich oft am lebhaftesten anklagen, ihre Fehler mit großer Freimütigkeit bekennen und bereuen, ob sie gleich nicht die mindeste Kraft in sich haben, von dem Wege zurückzutreten, auf den eine übermächtige Natur sie hinreißt.

Wilhelm Meisters Lehrjahre, 3. Buch, 10. Kapitel (A 7 S. 202)

Und dann ist der Wille und die Meinung der Menschen schwankend, dem deucht heute das recht, was der andere morgen mißbilliget; und so ist Verwirrung und Ungerechtigkeit unvermeidlich.

Götz von Berlichingen, 2. Fassung, 1. Akt,
Olearius (B 3 S. 200)

Der Mensch hat nur allzusehr Ursache, sich vor dem Menschen zu schützen.

Wilhelm Meisters Wanderjahre, 1. Buch, 4. Kapitel (A 8 S. 54)

Edel sei der Mensch,
Hilfreich und gut!
Denn das allein
Unterscheidet ihn
Von allen Wesen,
Die wir kennen.

Heil den unbekannten
Höhern Wesen,
Die wir ahnen!
Ihnen gleiche der Mensch;
Sein Beispiel lehr uns
Jene glauben...

Nur allein der Mensch
Vermag das Unmögliche:
Er unterscheidet,
Wählet und richtet;
Er kann dem Augenblick
Dauer verleihen.

Er allein darf
Den Guten lohnen,

Den Bösen strafen,
Heilen und retten,
Alles Irrende, Schweifende,
Nützlich verbinden...

Der edle Mensch
Sei hilfreich und gut!
Unermüdet schaff er
Das Nützliche, Rechte,
Sei uns Vorbild
Jener geahnten Wesen!

Gedicht „Das Göttliche" (A 1 S. 324)

Menschenrecht

Und das heilige Menschenrecht
Gilt dem Herren wie dem Knecht.

Paralipomena zu Faust II (WA I 15,2 S. 184)

Geh hin und such dir einen andern Knecht!
Der Dichter sollte wohl das höchste Recht,
Das Menschenrecht, das ihm Natur vergönnt,
Um deinetwillen freventlich verscherzen!

Faust I, Vorspiel auf dem Theater, Dichter zum Direktor, Vers 134/7
(A 5 S. 146)

Denn wer leugnet es wohl, daß hoch sich das Herz ihm erhoben,
Ihm die freiere Brust mit reineren Pulsen geschlagen,
Als sich der erste Glanz der neuen Sonne heranhob,
Als man hörte vom Rechte der Menschen, das allen gemein sei,
Von der begeisternden Freiheit und von der löblichen Gleichheit!
Damals hoffte jeder sich selbst zu leben...

Hermann und Dorothea, 6. Gesang, Das Zeitalter (A 3 S. 207)

Der Alte verliert eins der größten Menschenrechte: er wird nicht mehr von seinesgleichen beurteilt.

Maximen und Reflexionen (A 9 S. 538)

Vom Rechte, das mit uns geboren ist,
Von dem ist leider! nie die Frage.

> Faust I, Studierzimmer, Mephisto, Vers 1978 f. (A 5 S. 202)

Bei wem soll ich mich nun beklagen?
Wer schafft mir mein erworbenes Recht?

> Faust II, 5. Akt, Großer Vorhof des Palasts, Mephisto, Vers 11832/4
> (A 5 S. 517)

MENSCHLICH, MENSCHLICHKEIT

So im Handeln, so im Sprechen
Liebevoll verkünd es weit:
Alle menschliche Gebrechen
Sühnet reine Menschlichkeit.

> Dem Schauspieler Krüger mit einem Exemplar der Iphigenie,
> 31. 3. 1827 (A 2 S. 295)

Soll er strafen oder schonen,
Muß er Menschen menschlich sehn...

Der Göttliche lächelt;
Er siehet mit Freuden
Durch tiefes Verderben
Ein menschliches Herz.

> Balladen, Der Gott und die Bajadere (A 1 S. 158)

Betrachte diese Inschriften: „Dem Unschuldigen Befreiung und Ersatz, dem Verführten Mitleiden, dem Schuldigen ahndende Gerechtigkeit." Alles dieses zeigt uns an, daß die Anstalten Werke der Notwendigkeit, nicht der Grausamkeit sind. Der Mensch hat nur allzu sehr Ursache, sich vor dem Menschen zu schützen...

Welchen Weg mußte nicht die Menschheit machen, bis sie dahin gelangte, auch gegen Schuldige gelind, gegen Verbrecher schonend, gegen Unmenschliche menschlich zu sein!

> Wilhelm Meisters Wanderjahre, 1. Buch, 4. Kapitel (A 8 S. 53 f.)

Weil nun in jeder Zeitepoche alles zusammenhängt, indem die herrschenden Meinungen und Gesinnungen sich auf die vielfachste Weise verzweigen, so befolgte man in der Rechtslehre nunmehr auch nach und nach alle diejenigen Maximen, nach welchen man Religion und Moral behandelte. Unter den Sachwaltern als den jüngern, sodann unter den Richtern als den ältern, verbreitete sich der Humanismus, und alles wetteiferte, auch in rechtlichen Verhältnissen höchst menschlich zu sein. Gefängnisse wurden gebessert, Verbrechen entschuldigt, Strafen gelindert, die Legitimationen erleichtert, Scheidungen und Mißheiraten befördert, und einer unser vorzüglichen Sachwalter erwarb sich den höchsten Ruhm, als er einem Scharfrichtersohne den Eingang in das Kollegium der Ärzte zu erfechten wußte. Vergebens widersetzten sich Gilden und Körperschaften; ein Damm nach dem andern ward durchbrochen.

Dichtung und Wahrheit, 13. Buch, zu Goethes Zeit als Advokat
(A 10 S. 618)

Kein Glied der Gemeinde wird sein Sozietätsrecht für gekränkt halten, wenn man menschlich, ordentlich und geziemend mit einem andern Gliede verfährt.

Votum vom 14. 12. 1780 (D 1 S. 117)

MINISTER → Staatsdiener → Staatsmänner

Klug und tätig und fest, bekannt mit allem, nach oben
Und nach unten gewandt, sei der Minister und bleibs.

Vier Jahreszeiten, Herbst (A 1 S. 264)

Es hat Minister gegeben, die Volk und König gegen sich hatten und die ihre großen Pläne einsam durchführten. Es ist nie daran zu denken, daß die Vernunft populär werde. Leidenschaften und Gefühle mögen populär werden, aber die Vernunft wird immer nur im Besitz einzelner Vorzüglicher sein.

Zu Eckermann am 12. 2. 1829 (A 24 S. 313 f.)

Was ist ein Minister anders, als das Haupt einer Partei, die er zu beschützen hat und von der er abhängt?

An K. F. Zelter am 4. 2. 1832 (WA IV,49 S. 228)

Wie mancher König wird durch seinen Minister, wie mancher Minister durch seinen Sekretär regiert!

Die Leiden des jungen Werther 2. Fassung, 2. Buch,
8. 1. 1772 (A 4 S. 444)

Die beste Regierung sei doch die Ministerregierung. Ein Minister müsse das Beste besorgen, weil er sonst aus dem Sattel gehoben werde. Verstand und Einsicht und guter Wille treffen hier zusammen.

Zu Riemer, Juli 1826 (A 23 S. 445)

Ist es wohl das Betragen eines gewandten Ministers (v. Hardenberg), eine Sache, die er befördern will, in dem Augenblicke seinem Fürsten vorzulegen, wenn er ihn gegen sich erzürnt weiß. Ich halte dies für die erste Spitzbüberei, die je in diplomaticis begangen worden.

Brief an Ch. G. v. Voigt, ca. 30. 3. 1815 (D 2,2 S. 888)

Und dann seh ich nicht, warum das Land dem Minister nicht so gut Abgaben schuldig ist, als dem König. Dieser gibt seinen Namen her und jener die Kräfte.

Clavigo, 4. Akt, Carlos (A 4 S. 786)

Behalten Sie mich als Freund lieb, wenn ich Ihnen als Minister fatal werden muß.

Brief an Caroline Herder v. 11. 5. 1784 (D 1 S. 303)

MORAL → Gesetz und Sitte → Sittlichkeit

Der Mensch, wie sehr ihn auch die Erde anzieht mit ihren tausend und abertausend Erscheinungen, hebt doch den Blick forschend und sehnend zum Himmel auf, der sich in unermeßlichen Räumen über ihm wölbt, weil er es tief und klar in sich fühlt, daß er ein Bürger jenes geistigen Reiches sei, woran wir den Glauben nicht abzulehnen noch aufzugeben vermögen.

Die Moral ist ein ewiger Friedensversuch zwischen unseren persönlichen Anforderungen und den Gesetzen jenes unsichtbaren Reiches.

Zu Kanzler F. v. Müller am 29. 4. 1818 (C 3,1 S. 62)

MÖRDER

Über des Erschlagenen Stätte schweben rächende Geister und lauern auf den wiederkehrenden Mörder.

Faust I, Trüber Tag/Feld, Mephisto, Vers 57 f. (A 5 S. 281)

Heut früh haben wir alle Mörder, Diebe und Hehler vorführen lassen und sie alle gefragt und konfrontiert. Ich wollte anfangs nicht mit, denn ich fliehe das Unreine – es ist ein groß Studium der Menschheit und der Physiognomik, wo man gern die Hand auf den Mund legt und Gott die Ehre gibt, dem allein ist die Kraft und der Verstand pp. in Ewigkeit Amen.

Ein Sohn, der sich selbst und seinen Vater des Mords mit allen Umständen beschuldigt. Ein Vater, der dem Sohn ins Gesicht alles wegleugnet. Ein Mann, der im Elende der Hungersnot seine Frau neben sich in der Scheune sterben sieht, und weil sie niemand begraben will, sie selbst einscharren muß, dem dieser Jammer jetzt noch aufgerechnet wird, als wenn er sie wohl könnte ermordet haben, weil anderer Anzeigen wegen er verdächtig ist ...

Brief an Charlotte von Stein v. 9. 9. 1780 (A 18 S. 521)

Oh, enthalte vom Blut meine Hände!
Nimmer bringt es Segen und Ruhe;
Und die Gestalt des zufällig Ermordeten
Wird auf des traurig-unwilligen Mörders
Böse Stunden lauern und schrecken.

Iphigenie auf Tauris, 2. Fassung, 1. Aufzug, 4. Auftritt (A 6 S. 164)

NATIONALVERSAMMLUNG

National-Versammlung

Auf der recht- und linken Seite,
Auf dem Berg und in der Mitten
Sitzen, stehen sie zum Streite,
All einander ungelitten.

Wenn du dich ans Ganze wendest
Und votierest, wie du sinnest,
Merke, welchen du entfremdest,
Fühle, wen du dir gewinnest.

Epigrammatisch, National-Versammlung (A 1 S. 553)

NATURRECHT

Naturrecht ist das, was die Natur alle Lebewesen gelehrt hat.

Positiones Juris, These 1, Straßburg 1771, hier übersetzt aus dem
Lateinischen (B 2 S. 317)

NIESSBRAUCH

Der Nießbrauch ist nicht ein Teil des Eigentums, sondern eine
Dienstbarkeit.

Positiones Juris, These 28, Straßburg 1771, hier übersetzt aus dem
Lateinischen (B 2 S. 318)

Norm des Menschen

Vollkommenheit ist die Norm des Himmels, vollkommenes Wollen die Norm des Menschen.

Maximen und Reflexionen (A 9 S. 610)

Not

Allgewaltige Not, sie kennet keine Gesetze.

Reineke Fuchs, 9. Gesang (A 3 S. 113)

ÖFFENTLICHE GESCHÄFTE → Dienstgeschäfte

Ich wirke nun fünfzig Jahre in meinen öffentlichen Geschäften nach meiner Weise, als Mensch, nicht kanzleimäßig, nicht so direkt und folglich etwas minder platt. Ich suche jeden Untergebenen frei im gemeßnen Kreise sich bewegen zu lassen, damit er auch fühle, daß er ein Mensch sei. Es kommt alles auf den Geist an, den man einem öffentlichen Wesen einhaucht, und auf Folge.

An Kanzler F. v. Müller am 23. 8. 1827 (C 3,2 S. 163 f.)

OPPOSITION

Eine Opposition, die keine Grenzen hat, wird platt. Die Einschränkung aber nötigt sie, geistreich zu sein, und dies ist ein sehr großer Vorteil.

Zu Eckermann am 9. 7. 1827 (A 24 S. 259)

Hätte ich das Unglück, in der Opposition sein zu müssen, ich würde lieber Aufruhr und Revolution machen, als mich im finstern Kreise ewigen Tadelns des Bestehenden herumtreiben. Ich habe nie im Leben mich gegen den übermächtigen Strom der Menge oder des herrschenden Prinzips in feindliche, nutzlose Opposition stellen mögen; lieber habe ich mich in mein eigenes Schneckenhaus zurückgezogen und da nach Belieben gehauset.

Zu Kanzler F. v. Müller am 3. 2. 1823 (C 3,1 S. 436 f.)

P

PACHTTERMINE

Es wird allerdings sowohl für Güter als auch für die Pächter derselben vorteilhaft gehalten, wenn die Pachttermine nicht zu kurz
sind, sondern nach der Größe des Guts eine proportionierliche
Länge haben ...

Votum über Pachttermine, Weimar Juni 1779 (A 12 S. 719; D 1 S. 84 f.)

PARAGRAPH

Das ist ein Paragraph, in dem die Figur meines Gehirns modelliert
ist, verwirrt, und unzusammenhängend.

Brief an Behrisch vom 2. 11. 1767 (B 1 S. 147)

Habt Euch vorher wohl präpariert,
Paragraphos wohl einzustudiert,
Damit Ihr nachher besser seht,
Daß er nichts sagt als was im Buche steht!

Faust I, Studierzimmer, Mephisto, Vers 1958/61 (A 5 S. 201)

PARTEI

Auch auf Parteien, wie sie heißen,
Ist heutzutage kein Verlaß;
Sie mögen schelten oder preisen,
Gleichgültig wurden Lieb und Haß.

Faust II, 1. Akt, Kaiserliche Pfalz, Schatzmeister,
Vers 4841/44 (A 5 S. 298)

Ungerechtigkeit und Unbilligkeit sind an der Tagesordnung; wie
können Parteien gegeneinander irgendeine Rücksicht nehmen?

Brief an A. Brentano vom 16. 1. 1818 (A 21 S. 260)

Wenn zwei Parteien in einem Reiche entstehen und sich unwider-
ruflich von einander trennen, wird sich die schwächere von dem
Mittelpunkte entfernen und der Grenze zu nähern suchen.

Kunst und Altertum am Rhein und Main, 1814/15 (A 12 S. 578)

Wo Parteien entstehn, hält jeder sich hüben und drüben;
Viele Jahre vergehn, eh sie die Mitte vereint.–

Jene machen Partei; welch unerlaubtes Beginnen!
Aber unsre Partei, freilich, versteht sich von selbst.

Vier Jahreszeiten, Herbst (A 1 S. 262)

Zuletzt bei allen Teufelsfesten,
Wirkt der Parteihaß doch zum besten,
Bis in den allerletzten Graus,
Schallt wider-widerwärtig panisch,
Mitunter grell und scharf satanisch,
Erschreckend in das Tal hinaus.

Faust II, 4. Akt, Des Gegenkaisers Zelt, Mephisto,
Vers 10 777/82 (A 5 S. 483)

Überzeugung sonderst du leicht vom stumpfen Parteigeist,
Denn das Zeichen begehrt dieser und jene den Sinn.

Xenien aus dem Nachlaß, Das Merkmal (A 2 S. 499)

Pfandrecht

Eine angemessene Sicherung kommt ebenso durch Pfänder wie
durch Bürgen zustande. –

Der Gläubiger hat das Pfand nach Naturrecht inne. –

Wenn über die Veräußerung des Pfandes nichts vereinbart ist, kann der Gläubiger trotzdem nach einer Ankündigung (gegenüber dem Schuldner) das Pfand verkaufen.

Positiones Juris, Thesen 3,14 u. 29, Straßburg 1771, hier übersetzt aus dem Lateinischen (B 2 S. 317 f.)

Pflicht

Wenn man von den Leuten Pflichten fordert und ihnen keine Rechte zugestehen will, muß man sie gut bezahlen.

Maximen und Reflexionen (A 9 S. 516)

Die Herzen dem Regenten zu erhalten,
Ist jedes Wohlgesinnten höchste Pflicht:
Denn, wo er wankt, wankt das gemeine Wesen,
Und wenn er fällt, mit ihm stürzt alles hin.

Die natürliche Tochter, 1. Aufzug, 5. Auftritt (A 6 S. 327)

Pflicht: wo man liebt, was man sich selbst befiehlt.

Maximen und Reflexionen (A 9 S. 610)

Erfüllte Pflicht empfindet sich immer noch als Schuld, weil sie nie ganz genug getan.

Maximen und Reflexionen (A 9 S. 566)

Wie kann man sich selbst kennenlernen? Durch Betrachten niemals, wohl aber durch Handeln. Versuche, deine Pflicht zu tun, und du weißt gleich, was an dir ist.
Was aber ist deine Pflicht? Die Forderung des Tages.

Maximen und Reflexionen (A 9 S. 554)

POLITIK

Ich weiß wohl, daß Politik selten Treu und Glauben halten kann, daß sie Offenheit, Gutherzigkeit, Nachgiebigkeit aus unsern Herzen ausschließt; in weltlichen Geschäften ist das leider nur zu wahr.

Egmont, 1. Akt, Palast der Regentin, Regentin (A 6 S. 19)

Die Menschen werfen sich im Politischen wie auf dem Krankenlager von einer Seite zur andern, in der Meinung, besser zu liegen.

Zu Kanzler F. v. Müller am 29. 12. 1825 (A 23 S. 420)

Ein garstig Lied! Pfui! Ein politisch Lied,
Ein leidig Lied!

Faust I, Auerbachs Keller, Brander,
Vers 2092/93 (A 5 S. 205)

POLITIKUS UND POLIZEIMEISTER

Ich hab gefunden, daß ich ein braver, das heißt Gott und Menschen gefälliger Politikus und Polizeymeister bin, weil ich einen Nachttopf, den ich vollpisste, ausleerte, da man sonst nur vollpisst und das Ausleeren dem Nachfolger überläßt.

Einfälle und Notizen, Frankfurt Juli–Oktober 1775
(B 5 S. 392)

POLIZEI

Das Recht dringt auf Schuldigkeit, die Polizei aufs Geziemende.

Das Recht ist abwägend und entscheidend, die Polizei überschauend und gebietend.

Das Recht bezieht sich auf den Einzelnen, die Polizei auf die Gesamtheit.

Maximen und Reflexionen (A 9 S. 569)

Wie unsicher und zerrüttet muß es eine lange Zeit in einem Lande bleiben, wo keine Polizei ist noch sein wird.

Brief an J. H. Meyer v. 28. 4. 1797 (A 19 S. 267)

Wir alle sind ungeduldig das Geschäft anzutreten, munter und überzeugt, daß man einfach anfangen müsse. So denken wir nicht an Justiz, aber wohl an Polizei. Ihr Grundsatz wird kräftig ausgesprochen: niemand soll dem andern unbequem sein; wer sich unbequem erweist wird beseitigt, bis er begreift, wie man sich anstellt, um geduldet zu werden.

Wilhelm Meisters Wanderjahre, 3. Buch, 11. Kapitel (A 8 S. 436)

Ich brauche nur in unserm lieben Weimar zum Fenster hinauszusehen, um gewahr zu werden, wie es bei uns steht. – Als neulich der Schnee lag und meine Nachbarskinder ihre kleinen Schlitten auf der Straße probieren wollten, sogleich war ein Polizeidiener nahe, und ich sah die armen Dingerchen fliehen, so schnell sie konnten. Jetzt wo die Frühlingssonne sie aus den Häusern lockt und sie mit ihresgleichen vor ihren Türen gerne ein Spielchen machten, sehe ich sie immer geniert, als wären sie nicht sicher und als fürchteten sie das Herannahen irgendeines polizeilichen Machthabers. –

Es darf kein Bube mit der Peitsche knallen oder singen oder rufen, sogleich ist die Polizei da, es ihm zu verbieten. Es geht bei uns alles dahin, die liebe Jugend frühzeitig zahm zu machen und alle Natur, alle Originalität und alle Wildheit auszutreiben, so daß am Ende nichts übrigbleibt als der Philister.

Zu Eckermann am 12. 3. 1828 (A 24 S. 688 f.)

Meine Hauptlehre aber ist vorläufig diese: der Vater sorge für sein Haus, der Handwerker für seine Kunden, der Geistliche für gegenseitige Liebe, und die Polizei störe die Freude nicht.

Zu Eckermann am 20. 10. 1830 (A 24 S. 753)

Man betrachte alle Geschäfte, welche man eigentlich Polizei-Geschäfte nennt, so sieht man, daß sie sich nur mit Dingen beschäftigen, welche in die Sinne fallen, mit Verhinderung oder Bestrafung solcher Handlungen, welche auffallend und ohne Zweifel gesetzwidrig sind...

Votum Goethes v. Anfang Januar 1795 (D 2,1 S. 418)

PRESSEFREIHEIT → Zensur

Der Konflikt zwischen den Autoren, welche eine unbedingte Freiheit der Presse fordern, und den Staatsverwesern, die solche nur mehr oder weniger zugestehen können, dauert seit Erfindung der Buchdruckerkunst und kann niemals aufhören...

Gutachten vom 15.4.1799 (D 2,2 S. 612)

Nach Preßfreiheit schreit niemand, als wer sie mißbrauchen will. –

Die Deutschen der neueren Zeit haben nichts anders für Denk- und Preßfreiheit gehalten, als daß sie sich einander öffentlich mißachten dürfen.

Maximen und Reflexionen (A 9 S. 624)

Zensur und Preßfreiheit werden immerfort miteinander kämpfen. Zensur fordert und übt der Mächtige, Preßfreiheit verlangt der Mindere. Jener will weder in seinen Planen noch seiner Tätigkeit durch vorlautes widersprechendes Wesen gehindert, sondern gehorcht sein; diese wollen ihre Gründe aussprechen, den Ungehorsam zu legitimieren.

Maximen und Reflexionen (A 9 S. 590)

PROFESSOREN → Rechtsgelehrter → Rechtsstudium

Sie können nicht glauben, was es eine schöne Sache um einen Professor ist. Ich bin ganz entzückt gewesen, da ich einige von diesen Leuten in ihrer Herrlichkeit sah.

69

Nil istis splendidius, gravius, ac honoratius. Oculorum animique aciem ita mihi perstrinxit, autoritas, gloriaque eorum, ut nullos praeter honores Professurae alios, sitiam.

(Nichts Glänzenderes, Würdevolleres, Ehrenvolleres als sie. Ihr Ansehen und Ihr Ruhm hat meiner Augen und des Geistes Schärfe so geblendet, daß ich nach keinen anderen Ehren als nach denen einer Professur dürste).

Brief des Rechtsstudenten Goethe an Schwester und Vater aus der
Studienstadt Leipzig am 13. 10. 1768 (B 1 S. 82 f.)

Die Professoren (in Leipzig dem „Klein-Paris"), wohlhabend durch eigenes Vermögen und gute Pfründen, waren von ihren Schülern nicht abhängig, und der Landeskinder mehrere, auf den Fürstenschulen oder sonstigen Gymnasien gebildet und Beförderung hoffend, wagten es nicht, sich von der herkömmlichen Sitte (der französischen Galanterie) loszusagen.

Dichtung und Wahrheit, 6. Buch (A 10 S. 279)

Ihr Mann (Professor Böhme in Leipzig) konnte nicht sonderlich mit mir zufrieden sein; ich schien ihm nicht fleißig genug und zu leichtsinnig. Besonders nahm er es mir sehr übel, als ihm verraten wurde, daß ich im deutschen Staatsrechte, anstatt gehörig nachzuschreiben, die darin aufgeführten Personen, als den Kammerrichter, die Präsidenten und Beisitzer, mit seltsamen Perücken an dem Rand meines Heftes abgebildet und durch diese Possen meine aufmerksamen Nachbarn zerstreut und zum Lachen gebracht hatte.

Dichtung und Wahrheit, 7. Buch (A 10 S. 317)

Professoren, so gut wie andere in Ämtern angestellte Männer, können nicht alle von einem Alter sein; da aber die jüngeren eigentlich nur lehren um zu lernen, und noch dazu, wenn sie gute Köpfe sind, dem Zeitalter voreilen, so erwerben sie ihre Bildung durchaus auf Unkosten der Zuhörer, weil diese nicht in dem unterrichtet werden, was sie eigentlich brauchen, sondern in dem, was der Lehrer für sich zu bearbeiten nötig findet. Unter den ältesten Professoren dagegen sind manche schon lange Zeit stationär: sie überliefern im ganzen nur fixe Ansichten, und, was das einzelne betrifft, vieles, was die Zeit schon als unnütz und falsch verurteilt hat. Durch beides entsteht ein trauriger Konflikt, zwischen welchem junge Geister hin und her gezerrt werden, und welcher kaum durch die Lehrer des mittleren Alters, die, obschon genugsam unterrichtet und gebildet, doch immer noch ein tätiges Streben zu Wissen und Nachdenken bei sich empfinden, ins gleiche gebracht werden kann.

Dichtung und Wahrheit, 6. Buch (A 10 S. 274)

Ich habe die meisten (Akademischen Lehrer in Jena) gesprochen, besucht, und mich mit ihnen über Wissenschaftliches und Öffentliches unterhalten. Da sieht man denn freilich, wie es fast unmöglich ist, daß ein, aus sehr heterogenen Teilen zusammengesetzter Körper in sich selbst und mit seinen Obern Friede halte. Da übrigens ein solches Corpus den Vorteil hat, bei allen seinen Gebrechen unsterblich zu sein, so ist es kein Unglück, wenn einmal der Patient einen Diätfehler begeht und der Arzt sich in der Arznei vergreift.

Bericht an den Herzog Carl August, Mißhelligkeiten der Professoren
betreffend, v. 27. 12. 1814 (D 2,2 S. 874)

Ein andermal verglich er (Goethe) die Professoren und ihre mit Zitaten und Noten überfüllten Abhandlungen, wo sie rechts und links abschweifen und die Hauptsache vergessen machen, mit Zughunden, die, wenn sie kaum ein paarmal angezogen hätten, auch schon wieder ein Bein zu allerlei bedenklichen Verrichtungen aufhöben, so daß man mit den Bestien gar nicht vom Flecke komme, sondern über Wegstunden tagelang zubringe.

J. D. Falk, Goethe aus näherem persönlichen Umgang dargestellt,
um 1825 (A 23 S. 820)

R

RECHT → Gerechtigkeit → Gesetz → Menschenrecht → Themis
→ Unrecht

Das Recht dringt auf Schuldigkeit . . .
Das Recht ist abwägend und entscheidend . . .
Das Recht bezieht sich auf den Einzelnen . . .

Maximen und Reflexionen (A 9 S. 569)

Es erben sich Gesetz und Rechte
Wie eine ewge Krankheit fort . . .
Vom Rechte, das mit uns geboren ist,
Von dem ist leider! nie die Frage.

Faust I, Studierzimmer, Mephisto, Vers 1972/79 (A 5 S. 201 f.)

Die Hölle selbst hat ihre Rechte?

Faust I, Studierzimmer, Faust, Vers 1413 (A 5 S. 186)

Wir haben so viel Rechte hingegeben,
Daß uns auf nichts ein Recht mehr übrigbleibt.

Faust II, 1. Akt, Kaiserliche Pfalz, Schatzmeister, Vers 4839 f.,
(A 5 S. 298)

Wers Recht hat und Geduld, für den kommt auch die Zeit.

Faust II, 4. Akt, Des Gegenkaisers Zelt, Erzbischof,
Vers 11 040 (A 5 S. 491)

Man hat Gewalt, so hat man Recht.
Man fragt ums Was und nicht ums Wie!

Faust II, 5. Akt, Mephisto, Vers 11 184 f. (A 5 S. 496)

Uns gehts in allen Dingen schlecht:
Herkömmliche Gewohnheit, altes Recht,
Man kann auf gar nichts mehr vertrauen!

Faust II, 5. Akt, Mephisto, Vers 11 620/22 (A 5 S. 510)

Bei wem soll ich mich nun beklagen?
Wer schafft mir mein erworbenes Recht?

Faust II, 5. Akt, Bergschluchten, Mephisto, Vers 11 832 f.
(A 5 S. 517)

Wer das Falsche verteidigen will, hat alle Ursache, leise aufzutre-
ten und sich zu einer feinen Lebensart zu bekennen. Wer das
Recht auf seiner Seite fühlt, muß derb auftreten: ein höfliches
Recht will gar nichts heißen.

Maximen und Reflexionen (A 9 S. 652)

Was uns nützt, ist unser höchstes Recht.

Die natürliche Tochter, 2. Aufzug, 1. Auftritt,
Sekretär (A 6 S. 341)

Welche schreckliche Lage!
Einen tüchtigen braven Mann zu haben, der den Leuten Recht
sprechen soll und vor lauter Recht nicht zur Gerechtigkeit kommen kann.

Wilhelm Meisters Wanderjahre, 1. Buch, 9. Kapitel (A 8 S. 123)

Recht bleibt Recht, und wer es auch hat, es zeigt sich am Ende.

Reineke Fuchs, 11. Gesang, Vers 321 (A 3 S. 145)

Wie soll sie (die Prozeßsache) notorisch sein? Durch den bloßen
Anblick: Es fällt in die Augen! Man siehts an allen Ecken, sagt er
(der Prozeßgegner). Man kann kein Recht sehen...

Anwaltseingabe in Sachen Hemmerich gegen Stadt Frankfurt
v. 24. 7. 1773 (B 3 S. 370)

RECHT UND SITTE → Gesetz und Sitte → Moral
→ (das) Rechte

Es gibt zwei friedliche Gewalten: das Recht und die Schicklichkeit.

Maximen und Reflexionen (A 9 S. 569)

Ihr habt das Recht, gesittet Pfui zu sagen.

Faust I, Wald und Höhle, Mephisto, Vers 3294 (A 5 S. 246)

RECHTE, DAS

Dem tätigen Menschen kommt es darauf an, daß er das Rechte tue; ob das Rechte geschehe, soll ihn nicht kümmern.

Maximen und Reflexionen (A 9 S. 509)

Tu nur das Rechte in deinen Sachen;
Das andre wird sich von selber machen.

Sprichwörtlich (A 1 S. 419)

In einem wohleingerichteten Staate soll das Rechte selbst nicht auf unrechte Weise geschehen.

Dichtung und Wahrheit, 14. Buch (A 10 S. 666)

Das Rechte ist immer sich selbst gleich, unbedingt und ewig. Daß aber die Zeit es anerkennte und, was ihr so not täte, zu ihren vielfach bedrängten Zwecken es nutzte, das ist ein anders, dessen auch selbst die Götter nicht Herr zu sein scheinen.

Brief an J. F. v. Cotta v. 2. 9. 1816 (WA IV, 27 S. 161 f.)

Das Rechte, das ich viel getan,
Das ficht mich nun nicht weiter an;
Aber das Falsche, das mir entschlüpft,
Wie ein Gespenst mir vor Augen hüpft.

Sprichwörtlich (A 1 S. 436)

Die Deutschen sind ein gut Geschlecht,
Ein jeder sagt: will nur was recht.
Recht aber soll vorzüglich heißen,
Was ich und meine Gevattern preisen.

Zahme Xenien (A 1 S. 616)

Wißt ihr, wie auch der Kleine was ist? Er mache das Kleine recht;
der Große begehrt just so das Große zu tun.

Vier Jahreszeiten, Herbst (A 1 S. 263)

Du magst an dir das Falsche nähren,
Allein wir lassen uns nicht stören;
Du kannst uns loben, kannst uns schelten,
Wir lassen es nicht für das Rechte gelten.

Sprichwörtlich (A 1 S. 430)

Hast du einmal das Rechte getan
Und sieht ein Feind nur Scheeles daran,
So wird er gelegentlich, spät oder früh,
Dasselbe tun, er weiß nicht wie.

Sprichwörtlich (A 1 S. 427)

Da allen denen, welche auf rechtem Wege wandeln, nur Gutes
und Rechtes begegnen kann...

Brief an C. h. L. F. Schultz v. 1. 9. 1820 (A 21 S. 407)

Wenn nur die Menschen das Rechte, nachdem es gefunden, nicht
wieder umkehrten und verdüsterten, so wäre ich zufrieden; denn
es täte der Menschheit ein Positives not, daß man ihr von Generation zu Generation überlieferte, und es wäre doch gut, wenn das
Positive zugleich das Rechte und Wahre wäre.

Zu Eckermann am 1. 2. 1827 (A 24 S. 238)

Wer das Rechte kann, der soll es wollen;
Wer das Rechte will, der sollt es können,

Und ein jeder kann's, der sich bescheidet,
Schöpfer seines Glücks zu sein im Kleinen.

Vorspiel zur Eröffnung des Weimarischen Theaters am 19. 9. 1807
(A 3 S. 586)

Will einer sich gewöhnen,
So seis zum Guten, zum Schönen.
Man tue nur das Rechte.
Am Ende duckt, am Ende dient der Schlechte.

Zahme Xenien (A 1 S. 653)

Soll das Rechte zu dir ein,
Fühl in Gott was Rechts zu sein.

Der West-östliche Divan, Buch der Betrachtungen (A 3 S. 319)

In wenig Stunden
Hat Gott das Rechte gefunden.

Gott, Gemüt und Welt (A 1 S. 409)

Erhebt euch denn und stellt euch neben mich,
Ins Chor der Treuen, die an meiner Seite
Das Rechte, das Beständige beschützen.

Die natürliche Tochter, 1. Aufzug, 5. Auftritt, König (A 6 S. 326)

RECHTSANWALT → Advokat → Anwaltsrhetorik → Jurist

RECHTSGELEHRSAMKEIT → Jurisprudenz → Juristerei

Schüler:
Zur Rechtsgelehrsamkeit kann ich mich nicht bequemen.

Mephistopheles:
Ich kann es Euch so sehr nicht übelnehmen,
Ich weiß, wie es um diese Lehre steht.
Es erben sich Gesetz und Rechte
Wie eine ewge Krankheit fort;

Sie schleppen von Geschlecht sich zu Geschlechte
Und rücken sacht von Ort zu Ort.
Vernunft wird Unsinn, Wohltat Plage:
Weh Dir, daß du ein Enkel bist!
Vom Rechte, das mit uns geboren ist,
Von dem ist leider! nie die Frage.

Schüler:
Mein Abscheu wird durch Euch vermehrt.
O glücklich der, den Ihr belehrt!

Faust I, Studierzimmer, Vers 1969–81 (A 5 S. 201 f.)

(Aus den Erinnerungen des Freiherrn Maximilian von Gagern:)

Als mein Vater im April 1829 mich als einen Göttinger Studenten
auf einer Reise nach Berlin mitnahm und in Weimar (am 14. April)
Goethe vorstellte, kam es zu folgendem Dreiergespräch:

Goethe: Und was hat denn der junge Herr studiert?

Ich: Zur Rechtsgelehrsamkeit kann ich mich schwer bequemen!

Goethe: Ich will es Ihnen denn auch nicht übelnehmen! Man
kann aber nebenher auch andere Liebhabereien verfolgen, wie
ich deren mehrere habe.

Vater: War das eben nicht ein Anklang an den Faust? O! Sie müssen gestehen, daß Sie dem Teufel darin doch eine gar zu schöne
Rolle zugeteilt haben. –

Darauf Goethe mit merkwürdig ernstem Blick aus seinen unvergeß-
lich schönen braunen Augen: „Ja, es ist etwas von der Hölle darin!"

Niederschrift des Freiherrn M. v. Gagern (1810 bis 1889; 1848 Mitglied
der Deutschen Nationalversammlung, Minister des Äußeren
im Reichsministerium) aus dem Jahre 1885 (C 3,2 S. 396)

Wenn besagte (Prozeß-) Schrift nicht ein Haar mehr vorbringt, als
der Prokurator schon getan hat, wenn ihre beglaubigte tiefe
„Rechtsgelehrsamkeit" großsprechende, flache, kompendiarische
Schulweisheit ist, wenn statt dem praktischen Geist, der in ihr

herrschen sollte, die gemeinsten Grundsätze einer unverdauten Prozeßlehre hier und da aufgeflickt erscheinen, und sie dabei andern Unwissenheit und Dummheit vorwerfen will, so ist mit einem Naserümpfen genug abgefertigt...

Erwiderung auf eine Prozeßschrift an das Schöffengericht Frankfurt
3. 2. 1772 (B 2 S. 244)

Mein (Sohn) August... wird (nach seinem Jurastudium) aufwarten. Möchten Sie ihm einige Augenblicke der Prüfung gönnen.

Es ist eine eigene Sache, wenn der Sohn ein Metier ergreift, das eigentlich das Metier des Vaters nicht ist. Doch mag es auch sein Gutes haben; wenn einerseits eine Trennung zu entstehen scheint, so entsteht von der andern eine Vereinigung, weil denn doch zuletzt alles Vernünftige und Verständige zusammentreffen muß...

Im Grunde bin ich von Jugend her der Rechtsgelahrtheit näher verwandt als der Farbenlehre, und wenn man es genau besieht, so ist es ganz einerlei, an welchen Gegenständen man seine Tätigkeit üben, an welchen man seinen Scharfsinn versuchen mag.

Schreiben an Ch. G. v. Voigt, Jurist und Geheimer Rat im weimarischen
Staatsdienst, vom 26. 9. 1809 (A 19 S. 588); vgl. Gespräch mit F. W. Riemer,
Hauslehrer Augusts von Goethe, vom 26. 9. 1809 (A 22 S. 569)

Rechtsgelehrter → Jurist → Professoren

Hüsgen (Jurist und Hausfreund in Frankfurt) wollte mich zum Timon seiner Art, dabei aber zum tüchtigen Rechtsgelehrten haben: ein notwendiges Handwerk, wie er meinte, damit man sich und das Seinige gegen das Lumpenpack von Menschen regelmäßig verteidigen, einem Unterdrückten beistehen und allenfalls einem Schelmen etwas am Zeuge flicken könne; letzteres jedoch sei weder besonders tunlich noch ratsam.

Dichtung und Wahrheit, 4. Buch (A 10 S. 180)

Die Rechtsgelehrten, von Jugend auf gewöhnt an einen abstrusen Stil, welcher sich in allen Expeditionen, von der Kanzlei des unmittelbaren Ritters bis auf den Reichstag zu Regensburg, auf die barockste Weise erhielt, konnten sich nicht leicht zu einer gewissen Freiheit erheben, um so weniger, als die Gegenstände, welche sie zu behandeln hatten, mit der äußern Form und folglich auch mit dem Stil aufs genaueste zusammenhingen. Doch hatte der jüngere von Moser sich schon als ein freier und eigentümlicher Schriftsteller bewiesen und Pütter durch die Klarheit seines Vortrags auch Klarheit in seinen Gegenstand und den Stil gebracht, womit er behandelt werden sollte. Alles was aus seiner Schule hervorging, zeichnete sich dadurch aus. Und nun fanden die Philosophen selbst sich genötigt, um populär zu sein, auch deutlich und faßlich zu schreiben.

Dichtung und Wahrheit, 7. Buch (A 10 S. 305 f.)

RECHTSGESCHICHTE → Kirchenrecht → Rechtsstudium → Reichskammergericht

Denn die Geschichte des Rechts und dessen Herankommen aus den frühesten Zuständen, aus jenen der rohen und einfachen Natur, wie zu solchen die schon eine National- und Lokalbildung wahrnehmen lassen, blieb von jeher der Gegenstand meiner angelegenlichsten Betrachtungen.

Die römischen Antiquitäten, durchaus nicht begreiflich ohne Vergegenwärtigung des strengen Formelwesens dieser Nation, welches zuletzt der Anarchie und Tyrannei selbst noch eine gewisse legale Gestalt zu geben trachtete, verfehlten ihre Wirkung nicht auf meinen jugendlich strebsamen Geist; aber nur jetzt, nach dem Verlauf von so vielen Jahrzehnten, wird mir durch die Bemühungen der außerordentlichsten Männer im Einzelnen klar, was ich im Ganzen keineswegs übersah, obwohl ahnungsvoll mir die Stelle bezeichnete, wo solches zu finden und zu entdecken sein möchte.

An die Juristische Fakultät der Universität Jena am 7. 12. 1825
(WA IV,40 S. 156 f.)

Die dunkleren Jahrhunderte der deutschen Geschichte hatten von jeher meine Wissbegierde und Einbildungskraft beschäftigt ... Da ich nunmehr Wetzlar besuchen sollte, war ich geschichtlich vorbereitet genug: denn das Kammergericht war doch auch im Gefolge des Landfriedens entstanden, und die Geschichte desselben konnte für einen bedeutenden Leitfaden durch die verworrenen deutschen Ereignisse gelten. Gibt doch die Beschaffenheit der Gerichte und der Heere die genauste Einsicht in die Beschaffenheit irgendeines Reichs ... Was mir in Wetzlar begegnete, ist von keiner großen Bedeutung, aber es kann ein höheres Interesse einflößen, wenn man eine flüchtige Geschichte des Kammergerichts nicht verschmähen will.

Dichtung und Wahrheit, 12. Buch (A 10 S. 573 f.)

Eine gewisse Neigung zum Altertümlichen setzte sich bei dem Knaben (Goethe) fest, welche besonders durch alte Chroniken ... genährt und begünstigt wurde ...

Wir hatten schon von der Goldnen Bulle und der peinlichen Halsgerichtsordnung gehört ...

Dichtung und Wahrheit, 1. Buch (A 10, S. 24/26)

RECHTSSTUDIUM/RECHTSWISSENSCHAFT
→ Jurisprudenz → Juristerei → Professoren → Rechtsgelehrter
→ Repetent

Studium Juris longe praestantissimum est (Das Rechtsstudium steht weitaus an erster Stelle).

Positiones Juris, These 41, Straßburg 1771 (B 2 S. 57, Übersetzung S. 318)

(Mein Vater hatte) in Leipzig sich der Rechtswissenschaft beflissen, und zuletzt in Gießen promoviert. Seine mit Ernst und Fleiß verfaßte Dissertation: Electa de aditione heredetatis (Ausgewähltes über Erbschaftsantritt) wird noch von den Rechtslehrern mit Lob angeführt. Es ist ein frommer Wunsch aller Väter, das was

ihnen selbst abgegangen, an den Söhnen realisiert zu sehen ... Ich
sollte denselben Weg gehen, aber bequemer und weiter.

Dichtung und Wahrheit, 1. Buch (A 10 S. 38)

Andere Frühzeitigkeiten in Absicht auf Gedächtnis und Kombina-
tion hatte ich mit jenen Kindern gemein, die dadurch einen frü-
hen Ruf erlangt haben. Deshalb konnte mein Vater kaum erwarten, bis ich auf Akademie gehen würde. Sehr bald erklärte er, daß
ich in Leipzig, für welches er eine große Vorliebe behalten, gleichfalls Jura studieren, alsdann noch eine andere Universität besuchen und promovieren sollte ... Er suchte mein Gedächtnis, meine Gabe etwas zu fassen und zu kombinieren, auf juristische
Gegenstände zu lenken, und gab mir daher ein kleines Buch, in
Gestalt eines Katechismus, von Hoppe, nach Form und Inhalt der
Institutionen gearbeitet, in die Hände. Ich lernte Fragen und Antworten bald auswendig und konnte so gut den Katecheten als den
Katechumenen vorstellen; und wie bei dem damaligen Religions-
unterricht eine der Hauptübungen war, daß man auf das behen-
deste in der Bibel aufschlagen lernte, so wurde auch hier eine gleiche Bekanntschaft mit dem Corpus juris für nötig befunden,
worin ich auch bald auf das vollkommenste bewandert war.

Dichtung und Wahrheit, 1. u. 4. Buch (A 10 S. 39 f., 161 f.)

Ich warf in Gedanken die juristischen Studien weg und widmete
mich allein den Sprachen, den Altertümern, der Geschichte und
allem, was daraus hervorquillt ... Ich wollte mich mit Ernst zu
jenen gründlichen Studien bekennen, und indem ich, bei einer
vollständigen Ansicht des Altertums, in meinen eigenen Werken
rascher vorzuschreiten dachte, mich zu einer akademischen Lehr-
stelle fähig machen, welche mir das Wünschenswerteste schien für
einen jungen Mann, der sich selbst auszubilden und zur Bildung
anderer beizutragen gedachte.

Dichtung und Wahrheit, 6. Buch (A 10 S. 266)

Nun eilte ich mit meinem Empfehlungsschreiben zu Hofrat Böhme, der ... Geschichte und Staatsrecht lehrte, ... wo ich mich von

der Jurisprudenz frei und dem Studium der Alten verbunden erklären wollte ... Allein ich fand keineswegs eine gute Aufnahme meines Vortrags. Als Historiker und Staatsrechtler hatte er einen erklärten Haß gegen alles, was nach schönen Wissenschaften schmeckte ... Er hielt mir daher aus dem Stegreif eine gewaltige Strafpredigt ... Er verunglimpfte darauf leidenschaftlich Philologie und Sprachstudien, noch mehr aber die poetischen Übungen, die ich freilich im Hintergrunde hatte durchblicken lassen. Er schloß zuletzt, daß, wenn ich ja dem Studium der Alten mich nähern wolle, solches viel besser auf dem Wege der Jurisprudenz geschehen könne. Er brachte mir so manchen eleganten Juristen ... ins Gedächtnis, versprach mir von den römischen Altertümern und der Rechtsgeschichte goldene Berge, und zeigte mir sonnenklar, daß ich hier nicht einmal einen Umweg mache.

Dichtung und Wahrheit, 6. Buch (A 10 S. 271 f.)

Heut hab ich angefangen, Collegia zu hören. Was für? – Ist es der Mühe wert zu fragen? Institutiones imperiales Historiam juris Pandectas und ein privatissimum über die 7 ersten und 7 letzten Titel des Codicis. Denn mehr braucht man nicht, das übrige vergißt sich doch.

Brief aus der Studienstadt Leipzig an J. J. Riese
v. 21. 10. 1765 (B 1 S. 84 f.)

Meine Kollegia besuchte ich anfangs emsig und treulich: die Philosophie wollte mich jedoch keineswegs aufklären ... Mit den juristischen Kollegien ward es bald ebenso schlimm: denn ich wußte gerade schon so viel, als uns der Lehrer zu überliefern für gut fand. Mein erst hartnäckiger Fleiß im Nachschreiben wurde nach und nach gelähmt, indem ich es höchst langweilig fand, dasjenige nochmals aufzuzeichnen, was ich bei meinem Vater, teils fragend, teils antwortend, oft genug wiederholt hatte, um es für immer im Gedächtnis zu behalten.

Dichtung und Wahrheit, 6. Buch (A 10 S. 273 f.)

Die guten Studia, die ich studiere, machen mich auch manchmal dumm. Die Pandekten haben mein Gedächtnis das halbe Jahr her geplagt und ich habe wahrlich nichts sonderliches behalten. Unser Dozente hat's auch sauber gemacht und ist bis ins 21. Buch gekommen. Das ist noch weit, denn ein anderer war an Michael im 13ten. Das übrige mögen die Herren sehen, wo sie es herkriegen.

So ist mir's auch mit den Instituten, mit der Hist. Juris gegangen, die Narren schwätzen im ersten Buche einem zum Ekel die Ohren voll und die letzten da wissen sie nichts; das macht, weil die Herren vornherein ihren Autoren etwas ausgearbeitet haben, aber nicht sonderlich weitgekommen sind. Zum Exempel in der Hist.-Jur. sind wir bis auf die Seiten des zweiten Punischen Kriegs gekommen. Da kannst du dir eine Vorstellung von einem Studioso Juris machen, was der Vollständiges wissen kann. Ich lasse mich hängen, ich weiß nichts...

Brief an die Schwester Cornelia v. 14. 10. 1767 aus Leipzig
(B 1 S. 142)

Auf den Montag fangen die guten Studia mit Macht an, ich habe jetzo eben soviel Dummheit im Kopfe als ich brauche, um fleißig zu sein.

Brief an seinen Leipziger Mentor Behrisch v. 16. 10. 1767 (B 1 S. 145)

Mehr als ich in meiner bisherigen Darstellung aufzuführen Gelegenheit nahm, hatte ich bei meinem Aufenthalte in Leipzig an Einsicht in die Rechtserfordernisse gewonnen; obgleich mein ganzer Erwerb nur als ein allgemeiner enzyklopädischer Überblick, und nicht als eigentliche bestimmte Kenntnis gelten konnte. Das akademische Leben, wenn wir uns auch bei demselben des eigentlichen Fleißes nicht zu rühmen haben, gewährt doch in jeder Art von Ausbildung unendliche Vorteile, weil wir stets von Menschen umgeben sind, welche die Wissenschaft besitzen oder suchen, so daß wir aus einer solchen Atmosphäre, wenn auch unbewußt, immer einige Nahrung ziehen.

Dichtung und Wahrheit, 9. Buch (A 10 S. 396)

Das Juristische trieb ich mit soviel Fleiß als nötig war, um die Promotion mit einigen Ehren zu absolvieren.

Dichtung und Wahrheit, 11. Buch (A 10 S. 494)

Was ich studiere? Zuförderst die Distinktionen und Subtilitäten, wodurch man Recht und Unrecht einander ziemlich ähnlich gemacht hat.

Brief an Langer vom 11. 5. 1770 aus dem Studienort Straßburg (B 2 S. 6)

Die Jurisprudenz fangt an, mir sehr zu gefallen. So ists doch mit allem wie mit dem Merseburger Biere: das erstemal schauert man, und hat mans eine Woche getrunken, so kann mans nicht mehr lassen.

Brief an S. K. v. Klettenberg v. 26. 8. 1770 (B 2 S. 14)

Ich bin nun endlich mit dem Promotionswesen zu Ende... Der Aufenthalt hier war mir sehr angenehm, und Nutzen hab ich auch davon mehr als man glaubt.

Brief an Langer aus Straßburg v. 8. 8. 1771 (B 2 S. 22)

Von Henning, der ehemalige Referendar zu Erfurt, hat ihm aus Berlin gemeldet, daß er soeben im großen akademischen Hörsaale über seine Farbenlehre zu lesen anfange, was Goethen große Freude macht und wozu er selbst einige Apparate mitgeteilt hat. Auf mein Verwundern, daß Henning als Jurist sich dieser Wissenschaft jetzt widme, sagte er (Goethe) ganz lakonisch: Er hat eben aus dem Studium der Gesetze nichts weiter als die Einsicht in den üblen Zustand der Menschen gewinnen können und sich darum zur Natur gewendet.

Zu Kanzler F. v. Müller am 22. 5. 1822 (A 23 S. 196)

Auch noch im gegenwärtigen Zeitmomente muß es mich höchlich freuen, in frühester Jugend dasjenige gewahrt zu haben, was in den Folgejahren als Grund aller rechtlichen Einsicht, als Regel des gesetzlichen Denkens und Urteilens ohne Widerrede anerkannt wird. Ja ich darf wohl hinzufügen: wäre dieses Fach (Jurisprudenz) zu jener Zeit auf Akademien wie gegenwärtig behandelt worden, so würde ich mich demselben ganz mit dem größten Eifer gewidmet haben.

An die Juristische Fakultät der Universität Jena am 7. 12. 1825
(WA IV,40 S. 156)

REGIERUNG, REGIEREN → Fürst → Herrschen/Herrscher

Erhaben stehn auf höchster Stelle,
Die Welt regieren, ihr zum Heil,
Am Steuer herrschend über Sturm und Welle,
Sei wenigen, den würdigsten zuteil.

Vier Träume, menschliche Wünsche und Glückseligkeiten vorstellend,
18. 12. 1818 (A 3 S. 724)

Und ebenso natürlich ist's, daß der Bürger von dem regiert sein will, der mit ihm geboren und erzogen ist, der gleichen Begriff mit ihm von Recht und Unrecht gefaßt hat, den er als seinen Bruder ansehen kann.

Egmont, 4. Akt, Der Culenburgische Palast, Egmont (A 6 S. 76)

Wer aber geliebt ist, hat leicht regieren.

Zu Eckermann am 23. 10. 1828 (A 24 S. 698)

Welche Regierung die beste sei? Diejenige, die uns lehrt, uns selbst zu regieren.

Maximen und Reflexionen (A 9 S. 537)

Welches Recht wir zum Regiment haben, darnach fragen wir nicht: wir regieren. Ob das Volk ein Recht habe, uns abzusetzen, darum bekümmern wir uns nicht: wir hüten uns nur, daß es nicht in Versuchung komme, es zu tun.

Maximen und Reflexionen (A 9 S. 590)

Alle Regierungsformen werden mit der Zeit unzulänglich.

Zu Riemer am 20.2.1828 (A 23 S.529)

Überhaupt pflegt man bei Beurteilung der verschiedenen Regierungsformen nicht genug zu beachten, daß in allen, wie sie auch heißen, Freiheit und Knechtschaft zugleich polarisch existiere. Steht die Gewalt bei einem, so ist die Menge unterwürfig, ist die Gewalt bei der Menge, so steht der einzelne im Nachteil; dieses geht durch alle Stufen durch, bis sich vielleicht irgendwo ein Gleichgewicht, jedoch nur auf kurze Zeit, finden kann.

Abhandlungen zum West-östlichen Divan, Nachtrag (A 3 S. 467)

Er (Goethe) kam hier auf seine Lieblingsidee, die er mehrmals wiederholte, nämlich, daß jeder nur darum bekümmert sein solle, in seiner speziellen Sphäre, groß oder klein, recht treu und mit Liebe fortzuwirken, so werde der allgemeine Segen auch unter keiner Regierungsform ausbleiben... Nicht von außen herein durch Regierungsform käme das Heil, sondern von innen heraus durch weise Beschränkung und bescheidene Tätigkeit eines jeden in seinem Kreise. Dies bleibe immer die Hauptsache zum menschlichen Glücke und sei am leichtesten und einfachsten zu erlangen.

Zu Fürst v. Pückler am 14. 9. 1826 (A 23 S. 450 f.)

REICH, HEILIGES RÖMISCHES (bis 1806)
→ Rechtsgeschichte → Reichskammergericht

Das liebe Heilge Römsche Reich,
Wie hälts nur noch zusammen?

Faust I, Auerbachs Keller in Leipzig, Frosch, Vers 2090 f. (A 5 S. 205)

Dankt Gott mit jedem Morgen,
Daß ihr nicht braucht fürs Römsche Reich zu sorgen!
Ich halt es wenigstens für reichlichen Gewinn,
Daß ich nicht Kaiser oder Kanzler bin.

Faust I, Auerbachs Keller in Leipzig, Brander, Vers 2093/96 (A 5 S. 205)

Die Tüchtigen, sie standen auf mit Kraft
Und sagten: „Herr ist, der uns Ruhe schafft.
Der Kaiser kanns nicht, wills nicht – laßt uns wählen,
Den neuen Kaiser neu das Reich beseelen,
Indem er jeden sicherstellt,
In einer frischgeschaffenen Welt
Fried und Gerechtigkeit vermählen!"

Faust II, 4. Akt, Hochgebirg, Mephisto, Vers 10278/84 (A 5 S. 468)

Zwar wußten wir von unserer Reichsverfassung nicht viel Löbliches zu sagen; wir gaben zu, daß sie aus lauter gesetzlichen Mißbräuchen bestehe, erhuben uns aber um desto höher über die französische gegenwärtige Verfassung, die sich in lauter gesetzlosen Mißbräuchen verwirre.

Dichtung und Wahrheit, 11. Buch, Tischgespräch in Straßburg
(A 10 S. 528)

Ging man bei dieser Gelegenheit in die Reichsverfassung und die von derselben handelnden Schriften zurück, so war es auffallend, wie der monstrose Zustand dieses durchaus kranken Körpers, der nur durch ein Wunder am Leben erhalten ward, gerade den Gelehrten am meisten zusagte. Denn der ehrwürdige deutsche Fleiß, der mehr auf Sammlung und Entwicklung von Einzelheiten als auf Resultate losging, fand hier einen unversiegenden Anlaß zu immer neuer Beschäftigung, und man mochte nun das Reich dem Kaiser, die kleinern den größern Ständen, die Katholiken den Protestanten entgegensetzen, immer gab es, nach dem verschiedenen Interesse, notwendig verschiedene Meinungen, und immer Gelegenheit zu neuen Kämpfen und Gegenreden.

Dichtung und Wahrheit, 12. Buch (A 10 S. 580 f.)

Wer schaut hinab von diesem hohen Raum
Ins weite Reich, ihm scheints ein schwerer Traum,
Wo Mißgestalt in Mißgestalten schaltet,
Das Ungesetz gesetzlich überwaltet
Und eine Welt des Irrtums sich entfaltet.

Faust II, 1. Akt, Kaiserliche Pfalz, Kanzler, Vers 4792/96 (A 5 S. 296)

REICHSKAMMERGERICHT → Rechtsgeschichte → Reich

Ein allgemeiner Fehler, dessen sich die Menschen bei ihren Unternehmungen schuldig machen, war auch der erste und ewige Grundmangel des Kammergerichts: zu einem großen Zwecke wurden unzulängliche Mittel angewendet. Die Zahl der Assessoren war zu klein; wie sollte von ihnen die schwere und weitläufige Aufgabe gelöst werden! ...

Genug, das Gericht diente mehr zum Vorwande, die Unruhstifter zu bestrafen, als daß es gründlich dem Unrecht vorgebeugt hätte. Allein es ist kaum beisammen, so erwächst ihm eine Kraft aus sich selbst, es fühlt die Höhe, auf die es gestellt ist, es erkennt seine große politische Wichtigkeit. Nun sucht es sich durch auffallende Tätigkeit ein entschiedeneres Ansehen zu erwerben; frisch arbeiten sie weg, was kurz abgetan werden kann und muß, was über den Augenblick entscheidet, oder was sonst leicht beurteilt werden kann, und so erscheinen sie im ganzen Reiche wirksam und würdig ...

Seit hundertundsechundsechzig Jahren hatte man keine ordentliche Visitation zustandegebracht; ein ungeheurer Wust von Akten lag aufgeschwollen und wuchs jährlich, da die siebzehn Assessoren nicht einmal imstande waren, das Laufende wegzuarbeiten. Zwanzigtausend Prozesse hatten sich aufgehäuft, jährlich konnten sechzig abgetan werden, und das Doppelte kam hinzu. Auch auf die Visitatoren wartete keine geringe Anzahl von Revisionen, man wollte ihrer fünfzigtausend zählen. Überdies hinderte so mancher Mißbrauch den Gerichtsgang; als das Bedenklichste aber von allem erschienen im Hintergrunde die persönlichen Verbrechen einiger Assesoren ...

Welchen üblen Eindruck das kleine Detail aller Anekdoten von Nachlässigkeiten und Versäumnissen, Ungerechtigkeiten und Bestechungen, auf einen jungen Menschen machen mußte, der das Gute wollte und sein Inneres in diesem Sinne bearbeitete, wird jeder Redliche mitfühlen. Wo soll unter solchen Umständen Ehrfurcht vor dem Gesetz und dem Richter entspringen?

Dichtung und Wahrheit, 12. Buch, Goethe als Rechtpraktikant beim
Reichskammergericht in Wetzlar 1772 (A 10 S. 575 f., 580, 589)

REPETENT (= Repetitor)

Mit diesem Manne (Dr. Salzmann, Aktuar und Tischpräsident) beredete ich meinen Vorsatz, mich hier in Straßburg der Rechtswissenschaft ferner zu befleißigen, um baldmöglichst promovieren zu können ... Er machte mich darauf mit einem Manne bekannt, zu dem man, als Repetenten, ein großes Vertrauen hegte; welches dieser sich auch bei mir sehr bald zu erwerben wußte. Ich fing an mit ihm zur Einleitung über Gegenstände der Rechtswissenschaft zu sprechen, und er wunderte sich nicht wenig über mein Schwadronieren ... Mein Repetent, nachdem er mit meinem Umhervagieren im Diskurse einige Zeit Geduld gehabt, machte mir zuletzt begreiflich, daß ich vor allen Dingen meine nächste Absicht im Auge behalten müsse, die nämlich, mich examinieren zu lassen, zu promovieren und alsdann allenfalls in die Praxis überzugehen ... Er übergab mir hierauf seine Hefte, welche in Fragen und Antworten geschrieben waren und woraus ich mich sogleich ziemlich konnte examinieren lassen, weil Hoppes kleiner juristischer Katechismus mir noch vollkommen im Gedächtnis stand; das übrige supplierte ich mit einigem Fleiße und qualifzierte mich, wider meinen Willen, auf die leichteste Art zum Kandidaten.

Dichtung und Wahrheit, 9. Buch, Rechtsstudium in Straßburg 1770/71
(A 10 S. 395 ff.)

REPUBLIK

Republiken hab ich gesehn, und das ist die beste,
Die dem regierenden Teil Lasten, nicht Vorteil gewährt.

Vier Jahreszeiten, Herbst (A 1 S. 263)

Man nahm als ausgemacht an, daß unter guten Menschen die republikanische Form die beste sei ... Nun ging man sehr lebhaft zu Rate, wie man die Form des neuen Staates aufs Beste einrichten wolle ... Der Senat ward bestellt, die Frauen erhielten Sitz und Stimme, man schlug Gesetze vor, man verwarf, man genehmigte.

Wilhelm Meisters Lehrjahre, 4. Buch, 2. Kapitel (A 7 S. 230 f.)

In der Republik bilden sich große, glückliche, ruhig-rein tätige Charaktere.

Der West-östliche Divan, Fortleitende Bemerkung (A 3 S. 437)

Revolution

Jede Revolution geht auf Naturzustand hinaus, Gesetz- und Schamlosigkeit. (Pikarden, Wiedertäufer, Sansculotten).

Maximen und Reflexionen (A 9 S.622)

Vor der Revolution war alles Bestreben; nachher verwandelte sich alles in Forderung.

Maximen und Reflexionen (A 9 S. 623)

Schwache Menschen haben oft revolutionäre Gesinnungen. Sie meinen, es wäre ihnen wohl, wenn sie nicht regiert würden, und fühlen nicht, daß sie weder sich noch andere regieren können.

Maximen und Reflexionen (A 9 S. 535)

Sie hat sich überzeugt, daß das Volk wohl zu drücken, aber nicht zu unterdrücken ist und daß die revolutionären Aufstände der unteren Klassen eine Folge der Ungerechtigkeiten der Großen sind...

Auch war ich vollkommen überzeugt, daß irgendeine große Revolution nie Schuld des Volkes ist, sondern der Regierung. Revolutionen sind ganz unmöglich, sobald die Regierungen fortwährend gerecht und fortwährend wach sind, so daß sie ihnen durch zeitgemäße Verbesserungen entgegenkommen und sich nicht so lange sträuben, bis das Notwendige von unten her erzwungen wird...

Die Zeit aber ist in ewigem Fortschreiten begriffen, und die menschlichen Dinge haben alle fünfzig Jahre eine andere Gestalt, so daß eine Einrichtung, die im Jahre 1800 eine Vollkommenheit war, schon im Jahre 1850 vielleicht ein Gebrechen ist.

Zu Eckermann am 4. 1. 1824 (A 24 S. 549 f.)

Ich lese jetzt mit Sammlung die Geschichte der französischen Revolution und finde, indem ich den höchst schätzbaren Grund respektiere, woher die Hauptsache kommt und wohin das Ziel gelangen kann, alles was tagtäglich bei uns geschieht, nur als einen absurden Nachklang jenes Ungeheueren.

Aus einem Votum an Voigt vom 29. 3. 1818 (D 2,2 S. 999)

Es ist wahr, ich konnte kein Freund der Französischen Revolution sein, denn ihre Greuel standen mir zu nahe und empörten mich täglich und stündlich, während ihre wohltätigen Folgen damals noch nicht zu ersehen waren. Auch konnte ich nicht gleichgültig dabei sein, daß man in Deutschland künstlicherweise ähnliche Szenen herbeizuführen trachtete, die in Frankreich Folge einer großen Notwendigkeit waren.

Zu Eckermann am 4. 1. 1824 (A 24 S. 549 f.)

RICHTER → Gericht → Jurist

Ungelehrte und des Rechtes unerfahrene Leute können nicht Richter sein. –

Über alles, was offenkundig geschieht, richtet der (weltliche) Richter, über die verborgenen Dinge die Kirche. –

Dem Richter steht nur die Anwendung der Gesetze auf die Fälle zu.

Positiones Juris, Thesen 6, 42, 48, Straßburg 1771, hier übersetzt aus dem Lateinischen (B 2 S. 317 f.)

Der berufene Richter:
Wer ist zum Richter bestellt? Nur der Bessere?
Nein, dem das Gute über das Beste noch gilt,
Der ist zum Richter bestellt.

Tabulae Votivae Nr. 49 (A 2 S. 537)

In Gottes Namen, und der mag richten, alles zum Besten keh-
ren. Und wenn ihr durchschlupft, so darf der Teufel Erlösung
hoffen.
> Geschichte Gottfriedens von Berlichingen mit der eisernen Hand,
> 5. Akt, Gottfried (B 2 S. 209)

Es gelangt niemand zur Würde eines Richters, als der durch Alter
und Erfahrung, eine genaue Kenntnis des innern und äußern
Zustandes der Stadt, und eine starke Urteilskraft sich erworben
hat, das Vergangene auf das Gegenwärtige (anzuwenden). So sind
die Schöffen, lebendige Archive, Chroniken, Gesetzbücher, alles
in einem, und richten nach altem Herkommen und wenigen Sta-
tuten ihre Bürger und die Nachbarschaft.
> Geschichte Gottfriedens von Berlichingen mit der eisernen Hand,
> 1. Akt, Der bischöfliche Palast in Bamberg, Olearius beider
> Rechte Doktor (B 2 S. 113)

Ihr Richter des heimlichen Gerichts, die ihr schwurt auf Strang
und Schwert, unsträflich zu sein, und zu richten im Verborgnen,
und zu strafen im Verborgnen, Gott gleich. Sind eure Herzen
rein, und eure Hände, so hebt die Arme empor, und ruft über die
Missetäter Wehe! Wehe! –

Richter, die ihr richtet im Verborgenen, Gott gleich, bewahrt euer
Herz für Missetat und eure Hände vor unschuldigem Blut.
> Geschichte Gottfriedens von Berlichingen mit der eisernen Hand,
> 5. Akt, Das heimliche Gericht, Oberrichter (B 2 S. 222 f.)

Der Richter prunkt auf hohem Pfühl ...
> Faust II, 1. Akt, Kaiserliche Pfalz, Kanzler, Vers 4792 (A 5 S. 296)

Ein Richter, der nicht strafen kann,
Gesellt sich endlich zum Verbrecher.
> Faust II, 1. Akt, Kaiserliche Pfalz, Kanzler, Vers 4805 f. (A 5 S. 297)

So üb ich nun des Richters erste Pflicht:
Beschuldigte zu hören. Rede denn!
> Faust II, 3. Akt, Innerer Burghof, Faust, Vers 9216 f. (A 5 S. 432)

Als Richter werdet ihr die Endurteile fällen,
Berufung gelte nicht von euern höchsten Stellen . . .
Denn meine Dankbarkeit vollgültig zu erproben,
Hab ich euch ganz zunächst der Majestät erhoben.

Faust II, 4. Akt, Des Gegenkaisers Zelt, Kaiser, Vers 10 945 f.,
10 955 f. (A 5 S. 488)

Ich mußte hiebei eine Zuflucht zu wohltätigen mächtigen Geistern nehmen, wie sie uns in der Gestalt und im Wesen von Elfen überliefert sind. Es ist alles Mitleid und das tiefste Erbarmen. Da wird kein Gericht gehalten und da ist keine Frage, ob er es verdient oder nicht verdient habe, wie es etwa von Menschen-Richtern geschehen könnte. Bei den Elfen kommen solche Dinge nicht in Erwägung. Ihnen ist es gleich, ob er ein Heiliger oder ein Böser, in Sünde Versunkener ist.

Zu Eckermann über Faust II, 1830 (A 5 S. 660)

Denn es ist freilich was Leichtes, sich über Entfernte beklagen,
Aber man soll den Gegenteil hören, bevor man ihn richtet.

Reineke Fuchs, 9. Gesang (A 3 S.105)

Wie müssen Rat und Anteil eines Manns,
Der allen edel, zuverlässig gilt,
Mir als ein Leitstern wonniglich erscheinen! . . .
Zu dir mich wendend, komme, den solange
Man im Gericht, wo viel Gerechte wirken,
Erst pries als Beistand, nun als Richter preist.

Gerichtsrat:
Nicht mein Verdienst, nur mein Bemühen war
Vielleicht zu preisen.

Die natürliche Tochter, 4. Aufzug, 1. Auftritt, Hofmeisterin und
Gerichtsrat (A 6 S. 369)

Gerichtsrat:
In abgeschloßnen Kreisen lenken wir,
Gesetzlich streng, das in der Mittelhöhe

Des Lebens wiederkehrend Schwebende.
Was droben sich, in ungemessnen Räumen
Gewaltig seltsam hin und her bewegt,
Belebt und tötet ohne Rat und Urteil,
Das wird nach anderm Maß, nach andrer Zahl
Vielleicht berechnet, bleibt uns rätselhaft.

Die natürliche Tochter, 4. Aufzug, 2. Auftritt, Gerichtsrat
zu Eugenie (A 6 S. 377)

So bleibt es eine praktische begründete Wahrheit, daß die Handlungen der Menschen nicht nach steifen Definitionen und Distinktionen fügen, daher das Richteramt, die Beurteilung so manigfaltiger Sachen nach einfachen Gesetzen, so schwer ist, nur dem erfahrnen Alter zu bekleiden geziemt und deswegen, so ehrwürdig es ist, so sicher für allem naswesen Überwitz sein sollte.

Aus Schriftsatz des Advokaten Goethe in Sachen Heckel gegen
Heckel v. 3. 2. 1772 (B 2 S. 244)

Welche schreckliche Lage! Einen tüchtigen braven Mann zu haben, der den Leuten Recht sprechen soll und vor lauter Recht nicht zur Gerechtigkeit kommen kann!

Wilhelm Meisters Wanderjahre, 1. Buch, 9. Kapitel (A 8 S. 123)

Unter den Sachwaltern als den jüngern, so dann unter den Richtern als den ältern, verbreitete sich der Humanismus, und alles wetteiferte, auch in rechtlichen Verhältnissen höchst menschlich zu sein.

Dichtung und Wahrheit, 13. Buch (A 10 S. 618)

Man muß niemals fragen, wie eine solche Schrift (Prozeßschrift des Anwalts) dem Klienten, sondern wie sie dem Richter gefallen kann.

Dichtung und Wahrheit, 13. Buch (A 10 S. 619)

Egmont: Wir wollen uns richten lassen.

Oranien: Und was wäre ein Urteil vor der Untersuchung, eine Strafe vor dem Urteil?

Egmont: Eine Ungerechtigkeit ... Und eine Torheit.

Egmont, 2. Aufzug, Oranien kommt (A 6 S. 46)

Ich sehe Geister vor mir, die still und sinnend auf schwarzen Schalen das Geschick der Fürsten und vieler Tausende wägen. Langsam wankt das Zünglein auf und ab, tief scheinen die Richter zu sinnen, zuletzt sinkt diese Schale, steigt jene, angehaucht vom Eigensinn des Schicksals, und entschieden ist's.

Egmont, 4. Aufzug, Silva (A 6 S. 68)

Was gerechte Richter beschließen, werden sie vorm Angesicht des Tages nicht verbergen.

Egmont, 5. Aufzug, Silva (A 6 S. 91)

Judex ergo cum sedebit,
Quidquid latet adparebit,
Nil inultum remanebit.

(Wenn also der Richter sich niedergesetzt haben wird, wird das Verborgene offenkundig werden und nichts ungerächt bleiben.)

Faust I, Dom, Chor, Vers 3813/15 (A 5 S. 262)

S

SCHELTEN

Wenn du schelten willst, so wolle kein Heiliger scheinen,
Denn ein rechtlicher Mann schweigt und verzeihet uns gern.

Epigrammatisch (A 2 S. 179)

SCHULD, SCHULDIG → Strafe → Unschuld

Habt ihr denn jeder Ahnung euch verschlossen,
Daß über Schuld und Unschuld, lichtverbreitend,
Ein rettend, rächend Wesen göttlich schwebt?

Die natürliche Tochter, 2. Akt, 1. Auftritt, Hofmeisterin und Sekretär
(A 6 S. 341)

...der ist schuldig der Tat, der zu strafen Gewalt hat, und nicht
strafet; es spielet alsdann ein jeder den Herren.

Reineke Fuchs, 3. Gesang (A 9 S. 83)

Der darf auf Schand und Frevel pochen,
Der auf Mitschuldigste sich stützt,
Und: Schuldig! hörst du ausgesprochen,
Wo Unschuld nur sich selber schützt.

Faust II, 1. Akt Kaiserliche Pfalz, Kanzler, Vers 4775–4802 (A 5 S. 296)

Welchen Weg mußte nicht die Menschheit machen, bis sie dahin
gelangte, auch gegen Schuldige gelind, gegen Verbrecher schonend, gegen Unmenschliche menschlich zu sein! Gewiß waren es
Männer göttlicher Natur, die dies zuerst lehrten, die ihr Leben

damit zubrachten, die Ausübung möglich zu machen und zu beschleunigen.

Wilhelm Meisters Wanderjahre, 1. Buch, 4. Kapitel (A 8 S. 54)

Wer nie sein Brot mit Tränen aß,
Wer nie die kummervollen Nächte
Auf seinem Bette weinend saß,
Der kennt euch nicht, ihr himmlischen Mächte.

Ihr führt ins Leben uns hinein,
Ihr laßt den Armen schuldig werden.
Dann überlaßt ihr ihn der Pein;
Denn alle Schuld rächt sich auf Erden.

Wilhelm Meisters Lehrjahre, 2. Buch, 13. Kapitel (A 7 S. 146)

SCHULDERLASS (im Privatrecht)

Die Rückgabe des Handscheines vom Gläubiger an den Schuldner bewirkt den Schulderlaß, aber die Rückgabe des Pfandes bewirkt nicht dasselbe.

Positiones Juris, These 27, Straßburg 1771, hier übesetzt aus
dem Lateinischen (B 2 S. 317)

SITTLICHKEIT → Gesetz und Sitte → Moral → Pflicht
→ (das) Rechte → Recht und Sitte

Man beschütze Sittlichkeit und alle die, so sich dazu bekennen; die guten Folgen werden alle Erwartung übertreffen ... Man bestimme die Gesetze gegen die Übertreter der Sittlichkeit, gegen die Störer der Ruhe nach den Bedürfnissen des Augenblicks.

Votum zur Abschaffung der Duelle an der Universität Jena,
nach dem 5. 1. 1792 (D 2,1 S. 206 f.)

Das Hauptfundament des Sittlichen ist der gute Wille, der seiner Natur nach nur aufs Rechte gerichtet sein kann; das Hauptfundament des Charakters ist das entschiedene Wollen, ohne Rücksicht auf Recht und Unrecht, auf Gut und Böse, auf Wahrheit oder Irrtum: es ist das, was jede Partei an den ihrigen so höchlich schätzt. Der Wille gehört der Freiheit, er bezieht sich auf den innern Menschen, auf den Zweck; das Wollen gehört der Natur und bezieht sich auf die äußere Welt, auf die Tat: und weil das irdische Wollen nur immer ein beschränktes sein kann, so läßt sich beinahe voraussetzen, daß in der Ausübung das höhere Rechte niemals oder nur durch Zufall gewollt werden kann.

Farbenlehre, Historischer Teil (A 16 S. 576 f.)

Hiervon ist unsre Sittenlehre ganz abgesondert, sie ist rein tätig und wird in den wenigen Geboten begriffen: Mäßigung im Willkürlichen, Emsigkeit im Notwendigen. Nun mag ein jeder diese lakonischen Worte nach seiner Art im Lebensgange benutzen, und er hat einen ergiebigen Text zu grenzenloser Ausführung.

Wilhelm Meisters Wanderjahre, 3. Buch, 11. Kapitel (A 8 S. 434)

Sittliche Handlungen zu beurteilen, dazu gibt jedem sein eigenes Gewissen den vollständigsten Maßstab, und jeder findet es behaglich, diesen nicht an sich selbst, sondern an einen andern anzulegen.

Anmerkungen zum Dialog „Rameaus Neffe" (A 15 S. 1059)

Die Menschen, die das ganze Jahr weltlich sind, bilden sich ein, sie müßten zur Zeit der Not geistlich sein; sie sehen alles Gute und Sittliche wie eine Arznei an, die man mit Widerwillen zu sich nimmt, wenn man sich schlecht befindet; sie sehen in einem Geistlichen, einem Sittenlehrer nur einen Arzt, den man nicht geschwind genug aus dem Hause loswerden kann: ich aber gestehe gern, ich habe vom Sittlichen den Begriff als von einer Diät, die eben dadurch nur Diät ist, wenn ich sie zur Lebensregel mache, wenn ich sie das ganze Jahr nicht außer Augen lasse.

Wilhelm Meisters Lehrjahre, 7. Buch, 6. Kapitel (A 7 S. 494)

Wenn gewisse Erscheinungen an der menschlichen Natur, betrachtet von Seiten der Sittlichkeit, uns nötigen, ihr eine Art von radikalem Bösen, eine Erbsünde zuzuschreiben, so fordern andere Manifestationen derselben: ihr gleichfalls eine Erbtugend, eine angeborne Güte, Rechtlichkeit und besonders eine Neigung zur Ehrfurcht zuzugestehen. Diesen Quellpunkt, wenn er, im Menschen kultiviert, zur Tätigkeit, ins Leben, zur Öffentlichkeit gelangt, nennen wir Pietät, wie die Alten.

Literatur, Einzelnes (WA I, 41,2 S. 133)

Über das Prinzip, woraus die Sittlichkeit abzuleiten sei, hat man sich nie vollkommen vereinigen können. Einige haben den Eigennutz als Triebfeder aller sittlichen Handlungen angenommen; andere wollten den Trieb nach Wohlbehagen, nach Glückseligkeit als einzig wirksam finden; wieder andere setzten das apodiktische Pflichtgebot obenan, und keine dieser Voraussetzungen konnte allgemein anerkannt werden, man mußte es zuletzt am geratensten finden, aus dem ganzen Komplex der gesunden menschlichen Natur das Sittliche sowie das Schöne zu entwickeln.

Brief an Thomas Carlyle v. 14. 3. 1828 (A 21 S. 789)

Uns selbst zu achten, leitet unsre Sittlichkeit; andere zu schätzen, regiert unser Betragen.

Maximen und Reflexionen (A 9 S. 601)

STAAT → Fürst/Regent

Das Wohl des Staates soll das oberste Gesetz sein.

Positiones Juris, These 46, Straßburg 1771, hier übersetzt aus dem Lateinischen (B 2 S. 318)

Der Charakter der Roheit ist es, nur nach eignen Gesetzen leben, in fremde Kreise willkürlich übergreifen zu wollen. Darum haben wir den Staats-Verein geschlossen, solcher Roheit und Willkür abzuhelfen, und alles Recht und alle positiven Gesetze sind wiederum nur ein ewiger Versuch, die Selbsthilfe der Individuen gegeneinander abzuwehren.

Zu Kanzler F. v. Müller am 29. 4. 1818 (C 3,1 S. 62)

Aufrichtig erfreue ich mich Ew. Wohlgeboren fortgesetzter Tätigkeit auch fürs Ganze: es ist gewiß gegenwärtig kein größeres Verdienst als für das Wohl einzelner Staaten zu arbeiten, weil alles Zweckmässige und Wohlerreichte als Beispiel und Anfeuerung allen zu gute kommt.

Brief an J. F. Cotta vom 27. 3. 1815 (A 21 S. 56)

Freilich leben wir alle in Familien und im Staat, und es trifft uns nicht leicht ein tragisches Schicksal, das uns nicht als Glieder von beiden träfe. Doch können wir auch ganz gut tragische Personen sein, und wären wir bloße Familien- oder wären wir bloße Staatsglieder. Denn es kommt im Grunde bloß auf den Konflikt an, der keine Auflösung zuläßt, und dieser kann entstehen aus dem Widerspruch welcher Verhältnisse er wolle, wenn er nur einen echten Naturgrund hinter sich hat und nur ein echt tragischer ist.

Zu Eckermann am 28. 3. 1827 (A 24 S. 603)

Man hat einen Staat wohl einem lebendigen Körper mit vielen Gliedern verglichen, und so ließe sich wohl die Residenz eines Staates dem Herzen vergleichen, von welchem aus Leben und Wohlsein in die einzelnen nahen und fernen Glieder strömt. Sind aber die Glieder sehr ferne vom Herzen, so wird das zuströmende Leben schwach und immer schwächer empfunden werden.

Zu Eckermann am 23. 10. 1828 (A 24 S. 703)

Es ist ein Vorteil, einem großen Staate anzugehören.

Zu Kammergerichts-Referendarius W. Schnitter aus Berlin
am 18. 4. 1829 (C 3,2 S. 399)

Dem Staate liegt nur daran, daß der Besitz gewiß und sicher sei; ob man mit Recht besitze, kann ihn weniger kümmern.

Dichtung und Wahrheit, 12. Buch (A 10, S. 576)

In einem wohleingerichteten Staate soll das Rechte selbst nicht auf unrechte Weise geschehn.

Dichtung und Wahrheit, 14. Buch (A 10 S. 666)

Das größte Bedürfnis eines Staats ist das einer mutigen Obrigkeit.

Wilhelm Meisters Wanderjahre, 3. Buch, 11. Kapitel (A 8 S. 435 f.)

Sie geben den Aristokraten die ganze Schuld des Krebsganges. Sie nehmen sich der plebs an, und das ist ganz recht und dem unparteiischen Forscher erlaubt zu einer Zeit, wo weder die eine noch die andere mehr existiert...

Jeder anfangende Staat ist aristokratisch; er kann sich nur erweitern durch die Menge, die man abhält und niederhält, bis sie sich in gleiche Rechte setzt; und von dem Augenblicke an wird die Monarchie verlangt, die denn auch nicht fehlen kann, und von da aus kann sich's auf mancherlei Weise wieder zurück und vorwärts wälzen.

Brief an B. G. Niebuhr v. 23. 11. 1812 (A 19 S. 676)

Staat und Kirche mögen allenfalls Ursache finden, sich für herrschend zu erklären: denn die haben es mit der widerspenstigen Masse zu tun, und wenn nur Ordnung gehalten wird, so ist es ganz einerlei, durch welche Mittel.

Wilhelm Meisters Wanderjahre, 3. Buch, 14. Kapitel
(A 8 S. 475)

Das Unglück ist im Staat, daß niemand leben und genießen, sondern jeder regieren ... will.

Zu Eckermann am 20. 4. 1825 (A 24 S. 151 f.)

Wie kann ein Staat solche (Miß)handlungen bestrafen, der sie hervorruft, indem er sich selbst in den Naturzustand erklärt und den Krieg aller gegen alle verfassungsmäßig macht.

Gedanken zu Presse-Anarchie und Presse-Despotismus im Votum
an den Großherzog Carl August vom 5. 10. 1816 (D 2,2 S. 967)

Wenn jemals der Fall war, wo diejenigen, denen die Administration des gemeinen Wesens übergeben ist, bei entstehenden Unruhen im Staate und denen dabei zu gebrauchenden Maßregeln nötig hatten, in mehr als einer Rücksicht zu Werke zu gehen: so ist es gewiß jetzo besonders der Fall in Teutschland ...

Aktenmäßige Nachricht über die seit dem 10. Juni 1792 auf der Akademie zu Jena vorgefallenen Unruhen, Niederschrift im August 1792 (D 2,1 S. 284)

Einen gerüsteten, auf die Defensive berechneten Zustand kann kein Staat aushalten.

Maximen und Reflexionen (A 9 S. 623)

Gegenwärtig ruht in meinem Gemüt die Masse des, was der Staat war, an und für sich; mir ist er wie Vaterland, etwas Ausschließendes. Und ihr müßtet im Verhältnis mit dem ungeheuren Weltganzen den Wert dieser einzelnen Existenz bestimmen.

Italienische Reise III, Rom 27. 10. 1787 (A 11 S. 462 f.)

Schaue dann umher nach Weisen,
Und nach Mächtigen, die befehlen;
Jene werden unterweisen,
Diese Tat und Kräfte stählen.
Wenn du nützlich und gelassen
So dem Staate treugeblieben,
Wisse! niemand wird dich hassen
Und dich werden viele lieben.

West-östlicher Divan, Buch der Betrachtungen (A 3 S. 319 f.)

Wer ist das würdigste Glied des Staats? Ein wackerer Bürger;
Unter jeglicher Form bleibt er der edelste Stoff.

Vier Jahreszeiten, Herbst (A 1 S. 263)

Schüttle den Staat wie du willst. Nie wirst du etwas bedeuten.
Leicht auf der Fläche schwimmt immer und ewig der Kork.

Xenien aus dem Nachlaß, Der Stöpsel (A 2 S. 499)

So schlimm steht es wahrlich noch nicht um des Staates Gesund-
heit, daß er die Kur bei euch wage auf Leben und Tod.

Xenien aus dem Nachlaß, Die Staatsverbesserer (A 2 S. 499)

STAATSDIENER → Rechtsstudium → Staatsmänner

So zum Beispiel kann ich nicht billigen, daß man von den studie-
renden künftigen Staatsdienern gar zu viele theoretisch-gelehrte
Kenntnisse verlangt, wodurch die jungen Leute vor der Zeit gei-
stig wie körperlich ruiniert werden. Treten sie nun hierauf in den
praktischen Dienst, so besitzen sie zwar einen ungeheuren Vorrat
an philosophischen und gelehrten Dingen, allein er kann in dem
beschränkten Kreise ihres Berufes gar nicht zur Anwendung
kommen und muß daher als unnütz wieder vergessen werden.
Dagegen aber, was sie am meisten bedurften, haben sie eingebüßt:
es fehlt ihnen die nötige geistige wie körperliche Energie, die bei
einem tüchtigen Auftreten im praktischen Verkehr ganz unerläß-
lich ist.

Und dann! bedarf es denn im Leben eines Staatsdieners in
Behandlung der Menschen nicht auch der Liebe und des Wohl-
wollens? – Und wie soll einer gegen andere Wohlwollen empfinden und ausüben, wenn es ihm selber nicht wohl ist?

Es ist aber den Leuten allen herzlich schlecht! Der dritte Teil
der an den Schreibtisch gefesselten Gelehrten und Staatsdiener
ist körperlich anbrüchig und dem Dämon der Hypochondrie ver-
fallen. Hier täte es not, von oben her einzuwirken, um wenigstens künftige Generationen vor ähnlichem Verderben zu schützen.

Wir wollen indes, fügte Goethe lächelnd hinzu, hoffen und erwarten, wie es etwa in einem Jahrhundert mit uns Deutschen aussieht,
und ob wir es sodann dahin werden gebracht haben, nicht mehr
abstrakte Gelehrte und Philosophen, sondern Menschen zu sein.

Zu Eckermann am 12. 3. 1828 (A 24 S. 690 f.)

STAATSGESCHÄFTE → Dienstgeschäfte

Ich bin in Staatsgeschäften alt genug geworden, um zu wissen, wie man einen verdrängt, ohne ihm seine Bestallung zu nehmen.

Egmont, 3. Aufzug, Regentin (A 6 S. 52)

Ich lade fast zuviel auf mich, und wieder kann ich nicht anders; Staatssachen sollte der Mensch, der drein versetzt ist, sich ganz widmen, und ich möchte doch soviel anders auch nicht fallen lassen.

Brief an J. C. Lavater v. 19. 2. 1781 aus dem Staatsdienst
in Weimar (A 18 S. 567)

STAATSMÄNNER → Fürst/Regent → Herrscher → Minister → Regierung

Es ist in der Welt nicht schwer zu bemerken, daß sich der Mensch am freiesten und am völligsten von seinen Gebrechen los und ledig fühlt, wenn er sich die Mängel anderer vergegenwärtigt und sich darüber mit behaglichem Tadel verbreitet. Es ist schon eine ziemlich angenehme Empfindung, uns durch Mißbilligung und Mißreden über unsersgleichen hinauszusetzen, weswegen auch hierin die gute Gesellschaft, sie bestehe aus wenigen oder mehreren, sich am liebsten ergeht. Nichts aber gleicht der behaglichen Selbstgefälligkeit, wenn wir uns zu Richtern der Obern und Vorgesetzten, der Fürsten und Staatsmänner erheben, öffentliche Anstalten ungeschickt und zweckwidrig finden, nur die möglichen und wirklichen Hindernisse beachten, und weder die Größe der Intention noch die Mitwirkung anerkennen, die bei jedem Unternehmen von Zeit und Umständen zu erwarten ist.

Dichtung und Wahrheit, 9. Buch (A 10 S. 412 f.)

Dich betrügt der Staatsmann, der Pfaffe, der Lehrer der Sitten,
Und dies Kleeblatt, wie tief betest du Pöbel es an.
Leider läßt sich noch kaum was Rechtes denken und sagen,
Das nicht grimmig den Staat, Götter und Sitten verletzt.

Epigrammatisch (A 2 S. 177)

Sollte es nicht eine angenehme und würdige Arbeit für einen Staatsmann sein, den natürlichen wechselseitigen Einfluß aller Stände zu überschauen, und einen Dichter, der Humor genug hätte, bei seinen Arbeiten zu leiten? Ich bin überzeugt, es könnten auf diesem Wege manche sehr unterhaltende, zugleich nützliche und lustige Stücke ersonnen werden.

Wilhelm Meisters Lehrjahre, 2. Buch, 4. Kapitel (A 7 S. 102)

Laßt mir den Staat und die Staatsleute weg, sagte Philine, ich kann mir sie nicht anders als in Perücken vorstellen, und eine Perücke, es mag sie aufhaben wer da will, erregt in meinen Fingern eine krampfhafte Bewegung; ich möchte sie gleich dem ehrwürdigen Herrn herunter nehmen, in der Stube herumspringen und den Kahlkopf auslachen.

Wilhelm Meisters Lehrjahre, 2. Buch, 4. Kapitel (A 7 S. 102)

Staatstugend

Man sollte überhaupt nie eine Handlungsweise eine Staatstugend nennen, die gegen die Tugend im allgemeinen geht.

Zu Eckermann am 28. 3. 1827 (A 24 S. 605)

Steuern → Abgaben → Finanzen → Kontributionen → Zehnten → Zoll

Steuern (sind) solche Abgaben, die von dem Landesherren zur Erhaltung und Beschützung des Staats, zu Abwendung gemeiner Not, zu Förderung gemeinsamen Bestens auferlegt worden, die denn auch mit einer allgemeinen Gleichheit womöglich erhoben werden sollen. Das Fundament, worauf sie ruhen, ist ein innerer Wert der Güter, sie haben ein Verhältnis zu dem Ertrag derselben...

Dem Landesherren (steht) zu, sie revidieren zu lassen, nach Be-

105

schaffenheit dem einen etwas abzunehmen, dem andern zuzu-
legen...

Votum zur Revision der Steuern in Ruhla v. 20. 2. 1785 (D 1 S. 354)

Man muß wohl bemerken, daß die Frage, wie ein besserer modus
exequendi (Einzugsverfahren) als der bisherige einzuführen sei,
eine doppelte Proposition in sich fasse: die erste ist, inwiefern läßt
sich ein modus exequendi denken, der die rückständigen Steuern
auf eine dem Landmann weniger lästige und verderbliche Art bei-
bringt, die andere ist, lassen sich Mittel erfinden, die rückständigen Steuern sträklicher und sicherer zur Kasse einbringen? Wie
schwer beide Wünsche zu verbinden sind, zumal in einem Lande
wie das unsere, wo die Abgaben aufs höchste gespannt sind, läßt
sich sogleich empfinden...

Stellungnahme zur Steuerbeitreibung, Beratungsdiktat für das
Geheime Consilium in Weimar, zwischen 11. 6. u. 3. 7. 1779 (D 1 S. 74 f.)

Wir haben's so weit gebracht, daß oben immer in einem Tage mehr
verzehrt wird, als unten in einem beigebracht werden kann.

Brief an Knebel v. 17. 4. 1782 (A 18 S. 660)

Wer gibt gern Geld fürs Notwendige? Jedermann wäre zufrieden,
wenn er das Nützliche um Gottes willen haben könnte.

Dichtung und Wahrheit, 12. Buch (A 10 S. 575)

Das arme Volk muß immer den Sack tragen, und es ist ziemlich einerlei, ob er ihm auf der rechten oder linken Seite zu schwer wird.

Brief an Herder v. 20. 6. 1784 (A 18 S. 782)

Aber wie's jetzt unsre gnädigen Herren anfangen, uns bis auf den
letzten Blutstropfen auszukeltern, und daß wir doch nicht sagen
sollen: ihr machts zu arg, nach und nach zu schrauben. Seht, das
ist eine Wirtschaft, daß man sich's Leben nicht wünschen sollte,
wenn's nicht Wein und Bier gäb, sich manchmal die Grillen wegzu-
schwemmen, und in tiefen Schlaf zu versenken.

Geschichte Gottfriedens von Berlichingen mit der eisernen Hand,
1. Aufzug, ein Bauer (B 2 S. 90)

„Laßt sie singen, wenn sie nur bezahlen!" sagte Mazarin, als man
ihm die Spottlieder auf eine neue Steuer vorlegte.

Maximen und Reflexionen (A 9 S. 624)

Wird es nicht alle Tage schlimmer?
Gehorchen soll man mehr als immer
Und zahlen mehr als je vorher.

Faust I, Vor dem Tor, Bürgermeister, Vers 859/61 (A 5 S. 169)

Welch Unheil muß auch ich erfahren!
Wir wollen alle Tage sparen
Und brauchen alle Tage mehr.

Faust II, 1. Akt, Kaiserliche Pfalz, Marschalk,
Vers 4853/55 (A 5 S. 298)

Dann Steuer, Zins und Beth, Lehn und Geleit und Zoll,
Berg-, Salz- und Münzregal euch angehören soll.

Faust II, 4. Akt, des Gegenkaisers Zelt, Kaiser zu den Kurfürsten,
Vers 10 947 f. (A 5 S. 488)

Konstitutionell sind wir alle auf Erden;
Niemand soll besteuert werden
Als wer repräsentiert ist.

Zahme Xenien zur Repräsentation im Parlament (A 2 S. 411)

Ich mag mich sehr gern regieren und besteuern lassen, wenn man
mir nur an der Öffnung meines Fasses die Sonne läßt.

Brief an Prof. Sartorius v. 4./7. 1. 1815 (D 2,2 S. 877)

Mir kommt kein Besitz ganz rechtmäßig, ganz rein vor, als der
dem Staat seinen schuldigen Teil abträgt ...

Wie, sagte Werner, so wollten Sie also lieber, daß unsere frei ge-
kauften Güter steuerbar wären?

Ja, versetzte Lothario, bis auf einen gewissen Grad: denn durch diese Gleichheit mit allen übrigen Besitzungen entsteht ganz allein Sicherheit des Besitzes.

Wilhelm Meisters Lehrjahre, 8. Buch, 2. Kapitel (H 7 S. 507)

Ich kann Sie versichern, sagte Werner, daß ich in meinem Leben nie an den Staat gedacht habe; meine Abgaben, Zölle und Geleite habe ich nur so bezahlt, weil es einmal hergebracht ist.

Nun, sagte Lothario, ich hoffe Sie noch zum guten Patrioten zu machen: denn wie der nur ein guter Vater ist, der bei Tische erst seinen Kindern vorlegt, so ist der nur ein guter Bürger, der vor allen andern Ausgaben das, was er dem Staat zu entrichten hat, zurücklegt.

Wilhelm Meisters Lehrjahre, 8. Buch, 2. Kapitel (H 7 S. 508)

Verliehet ihr den goldnen Kranz,
Ihr Lieben dort am Maine,
So war es mir ein holder Glanz
Zu ewigem Vereine,
Doch hat sich bald das Blatt gewandt,
Nun wird es sich verteuern:
In meinem neuen Vaterland
Muß ich ihn jetzt versteuern.

An die Frankfurter Freunde, Januar 1820 (A 2 S. 280)

Der Dichter freut sich am Talent,
An schöner Geistesgabe;
Doch wann's ihm auf die Nägel brennt,
Begehrt er irdischer Habe.
Mit Recht soll der reale Witz
Urenkeln sich erneuern,
Es ist ein irdischer Besitz,
Muß ich ihn doch versteuern!

Zahme Xenien (A 2 S. 380)

STRAFE, STRAFEN → Kindestötung → Todesstrafe

Strafen heißt: dem Jüngling wohltun, daß der Mann uns danke.

Torquato Tasso, 2. Aufzug, 5. Auftritt, Antonio (A 6 S. 259)

Es ist möglich, daß man ... durch Drohung von Strafen manchen
Menschen vom Bösen abhält, ja auf einen guten Weg bringt; aber
eine weit höhere Kultur wird bei Kindern und Erwachsenen ein-
geleitet, wenn man nur bewirken kann, daß sie über sich selbst
reflektieren. Und wodurch kann dieses eher geschehen als durch
eine heitere Darstellung des Fehlers, die ihn nicht schilt, aber ihm
auch nicht schmeichelt, die weder übertreibt noch verringert,
sondern das Natürliche, Leidenschaftliche, Tadelnswerte irgendeines Hanges klar aufstellt, so daß derjenige, der sich getroffen
fühlt, lächeln muß, und in diesem Lächeln schon gebessert ist, wie
einer, der vor einen hellen Spiegel tritt, etwas Unschickliches an
seiner Kleidung alsbald zurechtrückt?

Schriften zur Literatur, Grübels Gedichte in Nürnberger Mundart 1798
(A 14 S. 429)

Wir haben läßliche Gesetze, um nach und nach strenger werden
zu können: unsere Strafen bestehen vorerst in Absonderung von
der bürgerlichen Gesellschaft, gelinder, entschiedener, kürzer
und länger nach Befund.

Wilhelm Meisters Wanderjahre, 3. Buch, 11. Kapitel (A 8 S. 437)

Wenn von der einen Seite ein mißverstandener Geist der Freiheit
Menschen hie und da zu unruhigen Unternehmungen antreibt,
welche mit Ernst und Strenge, mit Gewalt und Strafen zurückge-
drängt und geahndet werden müssen; so verwandelt sich dagegen
eine gerechte Ahndung in Mitleid, wenn man mehr Überredete als
Verführer, und mehr Dahingerissene als Selbstwirkende findet ...

Bericht für das Geheime Consilum des Herzogs, Weimar zwischen
6. und 17. 8. 1792 (D 2,1 S. 284)

Eine detaillierte Geschichtserzählung (über Strafmaßnahmen
gegen Studententumulte) ... wird dem Publico und besonders

den dabei mehr interessierten Eltern zeigen, daß man bei diesem
Vorfalle mit Ernst und Strenge, doch auch zugleich mit Schonung
und Nachsicht, wie eine unerfahrene Jugend zu behandeln ist, zu
Werke gegangen...

Konzept für einen Zeitungsartikel v. 6. 8. 1792 (D 2,1 S. 283)

Habt ihr deswegen die inneren Verhältnisse einer Handlung
erforscht? Wißt ihr mit Bestimmtheit die Ursachen zu entwickeln,
warum sie geschah, warum sie geschehen mußte? Hättet ihr das,
ihr würdet nicht so eilfertig mit euren Urteilen sein...

Es ist wahr, der Diebstahl ist ein Laster, aber der Mensch, der um
sich und die Seinigen vom schmählichen Hungertode zu erretten,
auf Raub ausgeht, verdient der Mitleiden oder Strafe?...

Unsere Gesetze selbst, diese kaltblütigen Pedanten, lassen sich
rühren und halten ihre Strafe zurück.

Die Leiden des jungen Werther 12. August (A 4 S. 308, 2. Fassung S. 425)

Denn man sagt: der ist schuldig der Tat, der zu strafen Gewalt hat,
Und nicht strafet; es spielet alsdann ein jeder den Herren.

Reineke Fuchs, 7. Gesang (A 3 S. 83)

Man braucht nicht alle Gesetze auszusprechen... Strafen wir
nicht auch unsere Kinder, ohne daß ein Gesetz für jeden Fall da
ist? Und werden nicht alle im Leben durch Schaden klug?

Zu Riemer am 25. 8. 1809 (C 2 S. 472 f.)

Die Lust ist mächtiger als wie die Furcht der Strafe.

In das Stammbuch von J. M. Brack, Frankfurt
am Main 29. 2. 1769 (B 1 S. 291)

Ist ein Verbrechen des Unsinns, der Trunkenheit nicht eher zu
entschuldigen als grausam zu bestrafen? Besonders wo so sichere
Hoffnung, wo Gewißheit ist, daß die Übel nicht wiederkehren
werden?

Egmont, 4. Aufzug, Alba (A 6 S. 73)

Habt ihr nicht darüber nachgedacht, daß man durch Selbstrache sich schuldig macht, daß man Gott und seinen Oberen die Strafe der Verbrecher überlassen soll . . .

Belagerung von Mainz, zum 25. Juli 1793 (A 12 S. 454 f.)

Belohnungen und Strafe aber sind immer unentbehrlich, weil sie eben die Mittel sind, wodurch der Wille gezwungen wird.

Frankfurter gelehrte Anzeigen, zu A. v. Joch über Belohnung und Strafen nach türkischen Gesetzen, 1772 (WA I,37 S. 266)

STUDENTISCHE RUHESTÖRUNG

Betrifft es einen Studenten, so gebe man dem Syndikus die Pflicht und Befugnis, die Untersuchung aufs genaueste zu instruieren und zu führen, damit man etwas juristisch Zusammenhängendes und Legales über den Vorfall erhalte, und nicht, wie es gewöhnlich zu geschehen pflegt, dem Schuldigen so viel Schlupfwinkel offen bleiben.

Konzept für eine Denkschrift an den Herzog, Anfang Juni 1795 (D 2,1 S. 436)

TESTAMENT

Ein Testament, wodurch ein Nachgeborener übergangen worden
ist und (noch) bei Lebzeiten des Erblassers stirbt, hat Gültigkeit.

Positiones Juris, These 24, Straßburg 1771 (B 2 S. 318)

„Denkst du nicht auch an ein Testament?"
Keineswegs! – Wie man vom Leben sich trennt,
So muß man sich trennen von Jungen und Alten
Die werdens alle ganz anders halten.

Zahme Xenien III (A 1 S. 631)

Wenn ich scheid aus diesem Elend
Und laß hinter mir ein Testament,
So wird daraus nur ein Zank
Und weiß mir's niemand keinen Dank.
Alles verzehrt vor meinem End,
Das macht ein richtig Testament.

Parabolisch, Hans Liederlich (A 2 S. 168)

Und gewiß bleibt es wunderbar, daß der Mensch das große Vor-
recht, nach seinem Tode noch über seine Habe zu disponieren,
sehr selten zu Gunsten seiner Lieblinge gebraucht, und, wie es
scheint aus Achtung für das Herkommen, nur diejenigen begünstigt, die nach ihm sein Vermögen besitzen würden, wenn er auch
selbst keinen Willen hätte.

Die Wahlverwandtschaften, 2. Teil, 7. Kapitel (A 9 S. 193)

Niederschrift des Kanzlers F. v. Müller:
Dinner bei Goethe nach vorheriger testamentarischer Bespre-
chung. Er (über sein Testament): Meine Nachlassenschaft ist so

112

kompliziert, so mannigfaltig, so bedeutsam, nicht bloß für meine Nachkommen, sondern auch für das ganze geistige Weimar, ja für ganz Deutschland, daß ich nicht Vorsicht und Umsicht genug anwenden kann, um jenen Vormündern die Verantwortlichkeit zu erleichtern und zu verhüten, daß durch eine rücksichtlose Anwendung der gewöhnlichen Regeln und gesetzlichen Bestimmungen großes Unheil angerichtet werde. Meine Manuskripte, meine Briefschaften, meine Sammlungen jeder Art sind der genauesten Fürsorge wert. Nicht leicht wird jemals so vieles und so vielfaches an Besitztum interessanter Art bei einem einzigen Individuum zusammenkommen. Der Zufall, die gute Gesinnung meiner Mitlebenden, mein langes Leben haben mich ungewöhnlich begünstigt. Seit sechzig Jahren habe ich jährlich wenigstens hundert Dukaten auf Ankauf von Merkwürdigkeiten gewendet, noch weit mehr habe ich geschenkt bekommen. Es wäre schade, wenn dies alles auseinandergestreut würde. Ich habe nicht nach Laune oder Willkür, sondern jedesmal mit Plan und Absicht zu meiner eigenen folgerechten Bildung gesammelt und an jedem Stück meines Besitzes etwas gelernt.

In diesem Sinne möchte ich diese meine Sammlungen konserviert sehen.

Im Goethehaus Weimar, am 15. 11. 1830, 1½ Jahre vor Goethes Tod
(A 23 S. 737 f.)

THEATERGESETZE

Es liegt einmal in der menschlichen Natur, daß sie leicht erschlafft, wenn persönliche Vorteile oder Nachteile sie nicht nötigen... Unsere Theatergesetze haben zwar allerlei Strafbestimmungen, allein sie haben kein einziges Gesetz, das auf Ermunterung und Belohnung ausgezeichneter Verdienste ginge. Dies ist ein großer Mangel. Denn wenn mir bei jedem Versehen ein Abzug von meiner Gage in Aussicht steht, so muß mir auch eine Ermunterung in Aussicht stehen, wenn ich mehr tue, als man eigentlich von mir verlangen kann. Dadurch aber, daß alle mehr tun als zu erwarten und zu verlangen, kommt ein Theater in die Höhe.

Zu Eckermann am 1. 5. 1825 (A 24 S. 581 f.)

THEMIS (griech. Gesetz, Göttin des Rechts)

Willkür bleibet ewig verhaßt den Göttern und Menschen,
Wenn sie in Taten sich zeigt, auch nur in Worten sich kund gibt.
Denn so hoch wir auch stehn, so ist der ewigen Götter
Ewigste Themis allein, und diese muß dauern und walten.

Achilleis, 1. Gesang, Vers 281/84 (A 3 S. 257)

TODESSTRAFE → Kindestötung → Strafe

Die Todesstrafen sind nicht abzuschaffen.

Positiones Juris, These 53, Straßburg 1771, hier übersetzt aus
dem Lateinischen (B 2 S.318)

Wenn man den Tod abschaffen könnte, dagegen hätten wir nichts; die Todesstrafen abzuschaffen wird schwer halten. Geschieht es, so rufen wir sie gelegentlich wieder zurück.

Wenn sich die Sozietät des Rechtes begibt, die Todesstrafe zu verfügen, so tritt die Selbsthilfe unmittelbar wieder hervor: die Blutrache klopft an die Türe.

Maximen und Reflexionen (A 9 S. 590)

(Bei Erörterungen über die etwaige Aufhebung der Todesstrafe traten zwei Mitglieder des Geheimen Consiliums in Weimar für deren grundsätzliche Beibehaltung ein, mit der Möglichkeit einer Korrektur im Einzelfall durch das Begnadigungsrecht des Landesherrn. In den Akten findet sich dazu folgender Schriftvermerk aus Goethes Hand:)

Da das Resultat meines untertänigst eingereichten Aufsatzes mit beiden vorliegenden gründlichen Votis völlig übereinstimmt, so kann ich umso weniger zweifeln, selbigen in allen Stücken beizutreten, und zu erklären, daß auch nach meiner Meinung rätlicher sein mögte, die Todesstrafe beizubehalten.
Den 4. November 1783, J. W. Goethe.

Voten zur Todesstrafe vom
25. 10. bis 4. 11. 1783 (D 1 S. 251)

Bei ewiger Gefangenschaft ist verboten, von Staatsachen zu reden... Und bei Todesstrafe soll niemand die Handlungen der Regierung mißbilligen.

Egmont, 4. Aufzug, Straße, Zimmermann (A 6 S. 59)

Drüben über dem Meere (in Amerika), wo gewisse menschwürdige Gesinnungen sich immerfort steigern, muß man endlich bei Abschaffung der Todesstrafe weitläufige Kastelle, ummauerte Bezirke bauen, um den ruhigen Bürger gegen Verbrechen zu schützen und das Verbrechen nicht straflos walten und wirken zu lassen.

Wilhelm Meisters Wanderjahre, 3. Buch, 3. Kapitel, Wilhelm (A 8 S. 355)

Treu und Glauben

Er erstaunte über sich selbst bei ruhigem Nachdenken, wie er jene Sophistereien über Recht und Besitz, über Ansprüche an fremdes Gut, und wie die Rubriken alle heißen mochten, bei sich auf eine so kalte und schiefe Weise habe durchführen und dadurch eine unerlaubte Handlung beschönigen können. Es ward ihm nach und nach deutlich, daß nur Treu und Glauben die Menschen schätzenswert mache, daß der Gute eigentlich leben müsse, um alle Gesetze zu beschämen, indem ein anderer sie entweder umgehen oder zu seinem Vorteil gebrauchen mag.

Unterhaltungen deutscher Ausgewanderten, Ferdinand (A 9 S. 353)

Ungerechtes Gut → Dieb/Diebstahl

Ungerecht Gut, so klein es auch sei, man muß es erstatten. Und da
fühl ich denn Reu im Herzen; doch währt es nicht lange.

Reineke Fuchs, 8. Gesang, Vers 141 f. (A 3 S. 95)

Ungerechtes Gut befängt die Seele, zehrt auf das Blut.

Faust I, Spaziergang, Mephisto, Vers 2823 f. (A 5 S. 230)

Die Kirch' allein, meine lieben Frauen,
kann ungerechtes Gut verdauen.

Faust I, Spaziergang, Mephisto, Vers. 2839 f. (A 5 S. 231)

Ungerechtigkeit, ungerecht → Gerechtigkeit

Und dann ist der Wille und die Meinung der Menschen schwankend, dem deucht heute das recht, was der andere morgen mißbilliget; und so ist Verwirrung und Ungerechtigkeit unvermeidlich.

Götz von Berlichingen mit der eisernen Hand, 2. Fassung, 1. Akt,
Im Bischöflichen Palast zu Bamberg, Olearius (B 3 S. 200)

Es liegt nun einmal in meiner Natur, ich will lieber eine Ungerechtigkeit begehen als Unordnung ertragen.

Belagerung von Mainz, 25. Juli 1793 (A 12 S.456)

Es ist besser, daß Ungerechtigkeiten geschehn, als daß sie auf eine ungerechte Weise gehoben werden.

Maximen und Reflexionen (A 9 S. 611)

116

Ein reines Gemüt verabscheut die Ungerechtigkcit, deren es sich
selbst noch nicht schuldig gemacht hat.

Dichtung und Wahrheit, 14. Buch (A 10 S. 666)

Der Hauptzug des Charakterlosen ist der Mangel an Gerechtigkeit im Urteil.

Entwurf zu einem Volksbuch historischen Inhalts, 1808 (A 14 S. 464.)

Welchen üblen Eindruck das kleine Detail aller Anekdoten von
Nachlässigkeiten und Versäumnissen, Ungerechtigkeiten und
Bestechungen, auf einen jungen Menschen machen mußte, der
das Gute wollte und sein Inneres in diesem Sinne bearbeitete,
wird jeder Redliche mitfühlen. Wo soll unter solchen Umständen
Ehrfurcht vor dem Gesetz und dem Richter entspringen?

Dichtung und Wahrheit, 12. Buch, Zum Reichskammergericht
(A 10 S. 589)

O laß mich ungerecht auf andre zürnen,
Daß ich mich nicht verzweifelnd selbst zerreiße!

Die natürliche Tochter, 3. Aufzug, 2. Auftritt, Herzog (A 6 S. 358)

Sorge, Furcht vor größerm Übel nötiget Regenten die nützlich
ungerechten Taten ab.

Die natürliche Tochter, 4. Aufzug, 1. Auftritt, Gerichtsrat
(A 6 S. 370)

Ungesetz

Wer schaut hinab von diesem hohen Raum
Ins weite Reich, ihm scheints ein schwerer Traum,
Wo Mißgestalt in Mißgestalten schaltet,
Das Ungesetz gesetzlich überwaltet.

Faust II, 1. Akt, Kaiserliche Pfalz, Kanzler, Vers 4782/84
(A 5 S. 296)

UNRECHT → Recht

Der Scharfsinn verläßt geistreiche Männer am wenigsten, wenn sie unrecht haben.

Maximen und Reflexionen (A 9 S. 628)

Es ist besser, es geschehe dir unrecht, als die Welt sei ohne Gesetz. Deshalb füge sich jeder dem Gesetze.

Maximen und Reflexionen (A 9 S. 610)

Natürlich ist's, daß der Bürger von dem regiert sein will, der ... gleichen Begriff mit ihm von Recht und Unrecht gefaßt hat.

Egmont 4. Aufzug, Der Culenburgische Palast, Egmont (A 6 S. 76)

Schafft er uns nur zu Hof willkommne Gaben,
Ich wollte gern ein bißchen unrecht haben.

Faust II, 1. Akt, Kaiserliche Pfalz, Marschalk, Vers 4943 f. (A 5 S. 301)

Denn es ist vorauszusehn, daß Leute, die ohne das schon in Argwohn und Unwillen leben, es niemals vergessen werden, wenn man sie, bei Fällen, wo ihnen das Unrecht doch nicht sonnenklar erwiesen werden kann, zu intimidieren sucht, und gewaltsame Überredungsmittel anwendet.

Votum zur schonenden Aufnahme einer herzoglichen Obligation,
zwischen 1. und 5. April 1780 (D 1 S. 99)

Niemand weiß, was er tut, wenn er recht handelt; aber des Unrechten sind wir uns immer bewußt.

Wilhelm Meisters Lehrjahre, 7. Buch, 9. Kapitel, Lehrbrief (A 7 S. 533)

Sie glauben miteinander zu streiten,
Und fühlen das Unrecht von beiden Seiten.

Sprichwörtlich (A 1 S. 425)

In des Weinstocks herrliche Gaben
Gießt ihr mir schlechtes Gewässer!
Ich soll immer unrecht haben,
Und weiß es besser.

Sprichwörtlich (A 1 S. 432)

Oft, wenn dir jeder Trost entflieht,
Mußt du im stillen dich bequemen.
Nur dann, wenn dir Gewalt geschieht,
Wird die Menge an dir Anteil nehmen;
Ums Unrecht, das dir widerfährt,
Kein Mensch den Blick zur Seite kehrt.

Sprichwörtlich (A 1 S. 436)

UNSCHULD → Schuld

Betrachte diese Inschriften: „Den Unschuldigen Befreiung und Ersatz, dem Verführten Mitleiden, dem Schuldigen ahnende Gerechtigkeit."

Alles dieses zeigt uns an, daß diese Anstalten Werke der Notwendigkeit, nicht der Grausamkeit sind.

Wilhelm Meisters Wanderjahre, 1. Buch,
4. Kapitel (A 8 S. 53 f.)

Eine kannt ich, sie war wie die Lilie schlank, und ihr Stolz war Unschuld; herrlicher hat Salomo keine gesehn.

Vier Jahreszeiten, Frühling (A 1 S. 255)

UNTERGEBENE → Vorgesetzte

Ich suche jeden Untergebenen frei im gemessenen Kreise sich bewegen zu lassen, damit er auch fühle, daß er ein Mensch sei. Es kommt alles auf den Geist an, den man einem öffentlichen Wesen einhaucht, und auf Folge.

Zu Kanzler F. v. Müller am 23. 8. 1827 (C 3,2 S. 163 f.)

119

UNTERTAN UND OBRIGKEIT

Glücklicherweise haben die Einwohner (Untertanen) der Gebirge in ihrer Dürftigkeit immer noch... ein Gefühl von Selbständigkeit und Freiheit, das oft in eine Art von Trutz ausschlägt... Ein leidenschaftlicher Subaltern... möchte lieber gleich ein solch Gefühl unterdrücken und Gewalt brauchen, um geschwinder fertig zu werden. Ein Kollegium und noch mehr ein Fürst haben diese Phänomene ganz anders anzusehn. Wie ein verständiger Vater die Tugenden und Fehler seiner Kinder anders beurteilt als das beschränkte Gesinde, das gut heißt, was ihm angenehm und bequem, dagegen böse, was ihm unbequem und lästig ist.

Votum zur Revision der Abgaben in Ruhla v. 20. 2. 1785 (D 1 S. 358 f.)

URHEBER- UND VERLAGSRECHT

Die Produktion von poetischen Schriften aber wurde als etwas Heiliges angesehn, und man hielt es beinah für Simonie, ein Honorar zu nehmen oder zu steigern. Autoren und Verleger standen in dem wunderlichsten Wechselverhältnis. Beide erschienen, wie man es nehmen wollte, als Patrone und als Klienten. Jene, die neben ihrem Talent, gewöhnlich als höchst sittliche Menschen vom Publikum betrachtet und verehrt wurden, hatten einen geistigen Rang und fühlten sich durch das Glück der Arbeit belohnt; diese begnügten sich gern mit der zweiten Stelle und genossen eines ansehnlichen Vorteils: nun aber setzte die Wohlhabenheit den reichen Buchhändler wieder über den armen Poeten, und so stand alles in dem schönsten Gleichgewicht...

Dichtung und Wahrheit, 12. Buch (A 10 S. 566)

Verleger haben die Autoren und sich selbst für vogelfrei erklärt; wie wollen sie untereinander, wer will mit ihnen rechten?

Maximen und Reflexionen, Nachlaß: Über Literatur und Leben
(A 9 S. 633)

Wer keinen Geist hat, glaubt nicht an Geister und somit auch nicht an geistiges Eigentum der Schriftsteller.

Gespräch mit Verleger Cotta und Kanzler v. Müller
am 15. 5. 1823 (A 23 S. 260)

Das Mittel jedoch, einen anerkannten geistigen Besitz dem einzelnen Verfasser zu erhalten, hat sich schon bald nach Erfindung der Buchdruckerkunst hervorgetan, indem, bei ermangelnden allgemeinen Gesetzen, man zu einzelnen Privilegien schritt. Anfang des sechzehnten Jahrhunderts gaben kaiserliche Schutzbriefe genugsame Sicherheit; Könige und Fürsten verliehen auch dergleichen, und so ist es bis auf die neuesten Zeiten gehalten worden. Sollte aber nun gegenwärtig der erhabene Bundestag, der Verein aller deutschen Souveränitäten, nicht dergleichen als Gesamtheit auszuüben geneigt sein...?

Privilegierungsgesuch an die deutsche Bundesversammlung
in Frankfurt/M. v. 11. 1. 1825 (WA IV, 39 S. 83)

Mein Geschäft ist nun, den Abschluß der Verhandlungen am hohen Bundestage, die Art der zugesagten Privilegienerteilung respektvoll abzuwarten und indessen das zu überlassende Exemplar meiner Werke letzter Hand, in mannigfachem Sinne reviediert, seiner Vollendung immer näher zu führen.

Brief an Joseph Max v. 10. 5. 1825 (WA IV,39 S. 192)

Durch jene öffentliche unbewundene Zustimmung des Bundestages also schien diese Angelegenheit (betr. Nachdruckverbote) national zu werden und in der Buchhändlerwelt regte sich gar mancher, der sich zu einer solchen Unternehmung (des geschützten Verlegens von Goethes Werken) Kräfte genug zutraute. Meinem Sohn wurden daher mehrfältige Anträge getan, Vorschläge zum Selbstverlag, Sozietäts-Contracte, Übereinkunft auf einen Anteil von jedem abzusetzenden Exemplar und manche andere dem Gesagten mehr oder weniger sich annähernde Propositionen.

Schreiben an J. S. M. Boisserée v. 19. 8. 1825 (WA IV, 40 S. 12)

121

Es bleibt mir dieses (Privileg des preußischen Hofes) gegenwärtig um so mehr zu wünschen, als ich mit der J. G. Cottaschen Buchhandlung in Stuttgart abzuschließen im Begriffe stehe, welcher Contract auf den vollkommenen Schutz gegen allen Nachdruck zu gründen ist.

Brief an C. F. F. v. Nagler v. 18. 9. 1825 (WA IV,40 S. 67)

Hiernach wird nun in einer aufgeklärten Zeit immer mehr zur Sprache kommen, was eigentlich der Autor zu fordern habe als Urheber so mancher willkommenen Gabe, dessen Befugnis in Deutschland bisher öfters verkannt worden. Hier ist jedoch die Stelle zu bemerken, daß wenn in der älteren Zeit der Verleger durch ein Privilegium seine Kosten zu decken, seinen Gewinn zu steigern suchte, nunmehr wohl die höchsten Staatsverweser dem Autor und den Seinigen einen rechtmäßigen Besitz, der dem geistigen Erwerb so gut als jedem andern zukommen dürfte, zu versichern wohlwollend geneigt sein werden.

Brief an F. Ch. J. v. Luxburg v. 1. 10. 1825 (WA IV,40 S. 79)

... daß Sie abermals in dem mir so wichtigen Geschäft (des Verlagsvertrages) vermittelnd eintreten wollen ... daß der Handel bei uns genugsam durchgesprochen, berechnet, geboten und überboten worden, so daß wir in diesem Falle uns schmeicheln dürfen, nicht unklar zu sein und ohne Grund zu handeln. Ich lege daher den abermaligen Entwurf eines Contracts bei ...

Brief an S. Boisserée v. 8. 1. 1826 (WA IV,40 S. 235)

Lassen sie mich jedoch das Hauptübel, das bei dieser Verhandlung obwaltet, aussprechen: es ist dies: daß der Verleger jederzeit genau weiß, was ihm und seiner Familie frommt, der Autor dagegen völlig darüber im dunkeln ist. Denn wo sollte er in dem völlig gesetzlosen Zustande des deutschen Buchhandels Kenntnis nehmen, was darinnen Rechtens ist, was Herkommens und was nach sonstiger Konvenienz Buchhändler sich einander verzeihen und gegen die Autoren erlauben. Daher kommt es denn, daß der Verleger sich gar bald, auch in den wichtigsten Fällen, entschließt, der Autor dagegen schwanken und zaudern muß.

Brief an S. Boisserée v. 12. 1. 1826 (WA IV,40 S. 241 f.)

...meinen verpflichtenden Dank, daß sie durch ein entschieden ausgesprochenes Privilegium mir und den Meinigen die ökonomischen Vorteile unablässig bemühter Geistesarbeiten haben zusichern wollen. Darf ich nunmehr mit der Hoffnung schließen, daß diese glückliche Einleitung auch künftig andern Mitgenossen der literarischen Welt zu Gute kommen werde, so empfinde den Vorzug doppelt mich eben so getrost als verehrend unterzeichnen zu können.

Schreiben an den Senat der freien Stadt Frankfurt/M.
v. 13. 1. 1826 (WA IV,40 S. 247)

Solche Windstöße sind gut, die Düsternheit der deutschen Buchhandelei immer mehr und mehr aufzuklären, unter welcher Autor und Publikum bedrängt und betrogen sind, und die Sozien ihr lukratives Spiel forttreiben. Das Reich ist nun unter sich selbst uneinig, und wir wollen sehen, Vorteil davon zu ziehen.

Brief an C. F. Zelter v. 26. 6. 1826 (WA IV,41 S. 129)

URKUNDE

Die Unterschrift einer Urkunde bindet den Schreibenden nicht fortlaufend darüber hinaus. –

Der Beklagte ist nicht verpflichtet, dem Kläger Urkunden oder Rechnungen herauszugeben, damit er seinen Klagenanspruch begründen könne; aber der Kläger ist verpflichtet, dem Beklagten, damit er seine Einrede beweisen könne, Urkunden herauszugeben.

Positiones Juris, Thesen 12 und 20, Straßburg 1771, hier übersetzt
aus dem Lateinischen (B 2 S. 317 f.)

Verbote

Er pflegte gern zu behaupten, daß sowohl bei der Erziehung der Kinder als bei der Leitung der Völker nichts ungeschickter und barbarischer sei als Verbote, als verbietende Gesetze und Anordnungen... Ist es nicht eine barbarische Anstalt, den Kindern Mord und Totschlag zu verbieten? Wenn es hieße: sorge für des andern Leben, entferne was ihm schädlich sein kann, rette ihn mit deiner eignen Gefahr; wenn du ihn beschädigst, denke daß du dich selbst beschädigst: das sind Gebote, wie sie unter gebildeten vernünftigen Völkern statt haben...

Die Wahlverwandtschaften, 2. Teil, 18. Kapitel (A 9 S. 265 f.)

Verbrechen → Schuld → Strafe

Verbrechen können an und vor sich nicht lächerlich sein, sie müßten denn etwas von ihrer Eigenschaft verlieren und dies geschieht, wenn sie durch Not oder Leidenschaft gleichsam gezwungen verübt werden.

Brief an F. v. Elsholtz v. 16. 11. 1825 (A 21 S. 653)

Verfassung → Konstitution → Reich

Was ist bleibend auf dieser Welt? Und sollte eine Staatseinrichtung bleiben können? Muß nicht in einer Zeitfolge sich jedes Verhältnis verändern und eben darum eine alte Verfassung die Ursache von tausend Übeln werden, weil sie den gegenwärtigen Zustand des Volkes nicht umfaßt? Ich fürchte, diese alten Rechte sind darum so angenehm, weil sie Schlupfwinkel bilden, in welchen der Kluge, der Mächtige, zum Schaden des Volks, zum Schaden des Ganzen, sich verbergen oder durchschleichen kann.

Egmont, 4. Aufzug, Alba (A 6 S. 75 f.)

Es ist wunderbar, wie alte Verfassungen, die bloß auf Sein und Erhalten gegründet sind, sich in Zeiten ausnehmen, wo alles zum Werden und Verändern strebt.

Brief an Schiller v. 25. 10. 1797 (A 20 S. 445)

Darum wünscht der Bürger seine alte Verfassung zu behalten, von seinen Landsleuten regiert zu sein, weil er weiß, wie er geführt wird, weil er von ihnen Uneigennutz, Teilnehmung an seinem Schicksal hoffen kann.

Egmont, 4. Aufzug, Der Culenburgische Palast, Egmont (A 6 S. 75)

Ein jeder rechtschaffner Bürger ist, so viel er braucht, von der Verfassung unterrichtet.

Egmont 2. Aufzug, Zimmermann (A 6 S. 32)

Auf Ihre neue Reichsverfassung bin ich sehr verlangend. Es ist löblich, wenn einsichtige Männer die Gestalt vorzeichnen, die eigentlich aus der Form heraustreten sollte. Beim Erzguß ist es ein Unglück, wenn einige Glieder ausbleiben; diesmal hat man das Entgegengesetzte zu befürchten.

Brief an G. Freiherrn Sartorius, Professor für Politik in Göttingen,
Berater auf dem Wiener Kongreß, vom 28. 2. 1814 (D 2,2 S. 853)

Die bürgerliche Verfassung scheint wie ein Schiff zu sein, das eine große Anzahl Menschen, alte und junge, gesunde und kranke, über ein gefährliches Wasser, auch selbst zu Zeiten des Sturms, hinüber bringt; nur in dem Augenblicke, wenn das Schiff scheitert, sieht man, wer schwimmen kann, und selbst gute Schwimmer gehen unter solchen Umständen zugrunde.

Unterhaltungen deutscher Ausgewanderten (A 9 S. 282 f.)

125

VERGLEICH

Einen Vergleich über eine bestimmte oder rechtskräftige entschiedene Sache kann es nicht geben (kann nicht abgeschlossen werden).

Positiones Juris, These 7, Straßburg 1771, hier übersetzt
aus dem Lateinischen (B 2 S. 317)

VERLAGSRECHT → Urheber- und Verlagsrecht

VERORDNUNGEN → Gesetz

Da ergehn denn Verordnungen über Verordnungen, und der Kaiser vergißt eine über die andre, da sind die Fürsten eifrig dahinter her, und schreien von Ruh und Sicherheit des Staats, bis sie die Geringen gefesselt haben; sie tun hernach was sie wollen.

Geschichte Gottfriedens von Berlichingen mit der eisernen Hand,
1. Aufzug, Gottfrieds Schloß, Gottfried (B 2 S. 108)

VERTRÄGE

Eine Abrede, die zu Verträgen guten Glaubens (formfreien) hinzu gefügt wird, erzeugt Klagerecht; ist sie aber zu Verträgen strengen Rechts (formgebundenen) hinzugefügt, so führt sie kein Klagerecht herbei.

Positiones Juris, These 4, Straßburg 1771, hier übersetzt
aus dem Lateinischen (B 2 S. 317)

Du bist König und Ritter und kannst befehlen und streiten;
Aber zu jedem Vertrag rufe den Kanzler herbei.

Vier Jahreszeiten, Herbst (A 1 S. 264)

VERWALTUNG → Administration → Exekutive → Polizei

Viel bedarfs zu würdiger Unterhaltung,
Und schwere Kosten macht die sorgliche Verwaltung.

Faust II, 4. Akt, Des Gegenkaisers Zelt, Kaiser, Vers 11 025 f. (A 5 S. 491)

So schwer ist der Punkt (betr. Verwaltung): Wenn einem ein Dritter etwas rät oder einen Mangel entdeckt, und die Mittel anzeigt, wie dieses gehoben werden könnte, weil so oft der Eigennutz der Menschen ins Spiel kommt, die nur neue Etats machen wollen, um bei der Gelegenheit sich und den ihrigen eine Zulage zuzuschieben, neue Einrichtungen um sich's bequemer zu machen, Leute in Versorgung zu schieben pp. Durch diese wiederholten Erfahrungen wird man so mißtrauisch, daß man sich fast zuletzt scheut, den Staub abwischen zu lassen. In keine Lässigkeit und Untätigkeit zu fallen, ist deswegen schwer.

Tagebücher, 1. 2. 1779 (A 26 S. 73)

VERZUG

Schon eine einmalige Aufforderung setzt den Schuldner in Verzug.

Positiones Juris, These 36, Straßburg 1771, hier übersetzt
aus dem Lateinischen (B 2 S. 318)

VOLK

Wir brauchen in unserer Sprache ein Wort, das, wie Kindheit sich zu Kind (oder wie Menschheit zu Mensch) verhält, so das Verhältnis Volkheit zum Volke ausdrückt. Der Erzieher muß die Kindheit hören, nicht das Kind, der Gesetzgeber und Regent die Volkheit, nicht das Volk. Jene spricht immer dasselbe aus, ist vernünftig, beständig, rein und wahr; dieses weiß niemals vor lauter Wollen, was es will.

Maximen und Reflexionen (A 9 S. 590)

Es ist wunderlich, gar wunderlich, wie leicht man zu der öffentlichen Meinung in eine falsche Stellung gerät! – Ich wüßte nicht, daß ich je etwas gegen das Volk gesündigt, aber ich soll nun ein für allemal kein Freund des Volkes sein. Freilich bin ich kein Freund des revolutionären Pöbels, der auf Raub, Mord und Brand ausgeht und hinter dem falschen Schilde des öffentlichen Wohles nur die gemeinsten egoistischen Zwecke im Auge hat. Ich bin kein Freund solcher Leute, ebensowenig, als ich ein Freund eines Ludwigs des Fünfzehnten bin. Ich hasse jeden gewaltsamen Umsturz, weil dabei ebensoviel Gutes vernichtet als gewonnen wird. Ich hasse die, welche ihn ausführen, wie die, welche dazu Ursache geben. Aber bin ich darum kein Freund des Volkes? –

Denkt denn jeder rechtlich gesinnte Mann etwas anders?

Zu Eckermann am 27. 4. 1825 (A 24 S. 577 f.)

Diesen Amboß vergleich ich dem Lande,
den Hammer dem Fürsten,
Und dem Volke das Blech, das in der Mitte sich krümmt.
Wehe dem armen Blech! Wenn nur willkürliche Schläge
Ungewiß treffen, und nie fertig der Kessel erscheint.

Epigramme (A 1 S. 224)

VÖLKERRECHT

Nicht Herkommen, sondern Nutzen eines jeden Volkes hat das Recht der Völker gegründet.

Positiones Juris, These 47, Straßburg 1771, hier übersetzt
aus dem Lateinischen (B 2 S. 318)

VORGESETZTE → Untergebene

Vorhalt, Vorwurf, Verweis, ist ein Recht des Präsidenten, des Vorgesetzten einer subalternen Masse. Wenn er menschlich ist und sein Handwerk versteht, so wird er an einzelner Anmahnung väterlicher und pädagogischer Bildung es nicht fehlen lassen. Will das nicht fruchten, so fordere er den Ungeschickten vors Collegium, bedeute ihn seiner Pflicht und bedrohe ihn mit Entlassung, das ist recht, gut und notwendig; daß man aber dasselbige auch auf andere Staatsdiener erstreckte, war nur ein Notbehelf... Man hüte sich in dieser Form fortzufahren, weil sie in der neuern Zeit notwendig einmal brechen muß.

Aus einem Votum an den Großherzog Carl August vom
5. 10. 1816 (D 2,2 S. 963)

Man muß Hindernisse wegnehmen, Begriffe aufklären, Beispiele geben, alle Teilhaber zu interessieren suchen, das ist freilich beschwerlicher als befehlen.

Brief an Herzog Carl August v. 26. 11. 1784 (WA IV,6 S. 397)

Vormund

Ein Vormund, der wegen grober Fahrlässigkeit verdächtig und abgesetzt worden ist, wird (dadurch) nicht ehrlos.

Positiones Juris, These 30, Straßburg 1771, hier übersetzt
aus dem Lateinischen (B 2 S. 318)

WIEDERVERGELTUNG

Wer (als Obrigkeit) fremde Bürger mißhandelt, verletzt die Pflicht gegen seine eigne Untertanen, denn er setzt sie dem Wiedervergeltungs-Recht aus.

Geschichte Gottfriedens von Berlichingen mit der eisernen Hand,
1. Aufzug, Gottfriedens Schloß, Elisabeth (B 2 S. 101)

Z

ZEHNTEN (Naturalabgaben) → Steuern

Dann widmest du zugleich dem Werke, wies entsteht,
Gesamte Landsgefälle: Zehnten, Zinsen, Beth
(= „erbetene" Abgabe).

Faust II, 4. Akt, Des Gegenkaisers Zelt, Erzbischof,
Vers 11 023 f. (A 5 S. 491)

Verzeih, o Herr! Es ward dem sehr verrufenen Mann
Des Reiches Strand verliehn; doch diesen trifft der Bann,
Verleihst du reuig nicht der hohen Kirchenstelle
Auch dort den Zehnten, Zins und Gaben und Gefälle
(= „angefallene" Abgaben).

Faust II, 4. Akt, Des Gegenkaisers Zelt, Erzbischof zum Kaiser,
Vers 11 035/38 (A 5 S. 491)

ZENSUR → Pressefreiheit

Die höchste Obrigkeit, die eine Zensur, einen so hohen Richterstuhl bestellen will, wird gewiß dazu die kompetentesten Richter erwählen... Man hat von einem Zensor eine weite freie Aussicht über die Absicht des Staates, warum derselbe zensieren läßt? ein völlig heiteres Urteil und eine gänzliche Parteilosigkeit zu verlangen: denn eigentlich ist Klugheit die höchste Eigenschaft des Zensors. Er verbietet nicht, was er für bös, sondern was er unter gewissen Bedingungen für schädlich hält...

Kritik an einer polizeilichen Zensur-Kommission zu Eisenach,
Anfang Januar 1795 (D 2,1 S. 422 f.)

ZEUGEN

Ist hier einer, der glaubt zu beweisen, so komm' er mit Zeugen,
Halte sich fest an die Sache und setze gerichtlich zum Pfande
Sein Vermögen, sein Ohr, sein Leben, wenn er verlöre,
Und ich setze das gleiche dagegen: so hat es zu Rechte
Stets gegolten, so halte man's noch, und alle die Sache,
Wie man sie für und wider gesprochen, sie werde getreulich
Solcherweise geführt und gerichtet.

Reineke Fuchs, 10. Gesang (H 2 S. 406)

Durch zweier Zeugen Mund
Wird allerwegs die Wahrheit kund.

Faust I, Der Nachbarin Haus, Mephisto, Vers 3013 f. (A 5 S. 236)

Bedeutender noch und in einem anderen Sinne fruchtbarer blieb
für uns das Rathaus (in Frankfurt a. M.), der Römer genannt. In
seinen untern, gewölbähnlichen Hallen verloren wir uns gar zu
gerne. Wir verschafften uns Eintritt in das große, höchste einfa-
che Sessionszimmer des Rates...

an der mittelsten Wand an der Höhe las man die kurze Inschrift:

Eines Mannes Rede
ist keines Mannes Rede:
Man soll sie billig hören beede.

Dichtung und Wahrheit, 1. Buch (A 10 S. 25)

ZINSAUFLAGE

Gesetzt auch die neue Zinsauflage sei nach dem strengen Rechte
zu fordern, wie doch nicht ist, und sei gering und der vielen Worte
nicht wert; gesetzt, daß sie der Besitzer selbst kaum im Beutel spü-
re, daß nur seine Einbildung davon gedruckt werde; so ist auch
dieses von Bedeutung. Der Ruhler (Untertan), dessen Nahrungs-
stand im Sinken ist, braucht außer den Kräften seines Körpers

und seines Vermögens auch noch Mut des Geists, sich zu erhalten.
Was diesen Mut schwächen kann, ist schon gefährlich. Wo sind die
Anstalten, ihm Hoffnungen und Aussichten zu geben? Kann man
das nicht, so lasse man ihm wenigstens sein gegenwärtiges Besitztum unbeschwert, man hänge nicht noch mehr Gewichte an, um
sein Steigen zu hindern, wenn es ja noch möglich wäre.

Votum gegen die Erhöhung der Erbzinsen/Naturalabgaben
v. 20. 2. 1785 (D 1 S. 358)

ZOLL → Abgaben → Steuern → Zehnten

Und wer am Zoll sitzt, ohne reich zu werden, ist ein Pinsel.

Clavigo, 4. Akt, Carlos (A 4 S. 786)

Selten findet man fürstliche Lande, worin nicht die Pfaffen Zölle
und Zinsen erhüben...

Reineke Fuchs, 8. Gesang (A 3 S. 97)

Haben die Fürsten dieser Welt sich der Flüsse, der Wege bemäch-
tigt, und nehmen von dem, was durch- und vorbeigeht, einen starken Gewinn, sollen wir nicht mit Freuden die Gelegenheit ergrei-
fen und durch unsere Tätigkeit auch Zoll von einigen Artikeln
nehmen, die teils das Bedürfnis, teils der Übermut den Menschen
unentbehrlich gemacht hat?

Wilhelm Meisters theatralische Sendung, 2. Buch, 8. Kapitel (A 8 S. 637)

Gestehen wir überhaupt, daß Reisende, die sich aus ihrer häusli-
chen Beschränkung entfernen, gewissermaßen in eine nicht nur
fremde, sondern völlig freie Natur einzutreten glauben; welchen Wahn man damals um so eher hegen konnte, als man noch
nicht durch polizeiliche Untersuchung der Pässe, durch Zollab-
gaben und andere dergleichen Hindernisse jeden Augenblick
erinnert wurde, es sei draußen noch bedingter und schlimmer
als zu Hause.

Dichtung und Wahrheit, 19. Buch (A 10 S. 813 f.)

Und was ich erlange, bring ich zu deinen Füßen. Es ist gewiß, meine Liebste, meine Sinne gehören dir so zu eigen, daß nichts bei mir sein kann, ohne dir Zoll und Akzise (Verbrauchsteuer) zu bezahlen.

Brief an Charlotte v. Stein v. 12. 5. 1782 (A 18 S. 666)

Ein paar Mädchen von zwölf bis vierzehn Jahren saßen am Zoll in einem artigen Kabinette und nahmen das Weggeld ein. Die jüngere nahm das Geld und überreichte den Zettel, indes die ältere Buch hielt.

Reise in die Schweiz 1797, Von Schaffhausen nach Stäfa,
19. 9. 1797 (A 12 S. 181)

Ich kann Sie versichern, sagte Werner, daß ich in meinem Leben nie an den Staat gedacht habe; meine Abgaben, Zölle und Geleite habe ich nur so bezahlt, weil es einmal hergebracht ist.

Wilhelm Meisters Lehrjahre, 8. Buch, 2. Kapitel, (A 7 S. 545)

ABKÜRZUNGEN DER BENUTZTEN QUELLENWERKE

A 1 – 24   Johann Wolfgang Goethe, Gedenkausgabe der Werke, Briefe und Gespräche in 24 Bänden, mit zusätzlichem Registerband, hrsg. von Ernst Beutler, Artemis-Verlag Zürich und Stuttgart, 1948–1971. (Nach Sachgruppen geordnetes Quellenwerk mit einführenden Erläuterungen und Registern auf der Grundlage der Weimarer oder Sophienausgabe (→ WA).

A 25   Johann Caspar Goethe, Cornelia Goethe, Catharina Elisabeth Goethe, Briefe aus dem Elternhaus, Erster Ergänzungsband der Goethe-Gedenkausgabe, hrsg. von Wolfgang Pfeiffer-Belli, Zürich und Stuttgart,[2] 1973.

A 26   Johann Wolfgang Goethe, Tagebücher, Zweiter Ergänzungsband der Goethe-Gedenkausgabe, hrsg. von Peter Boerner, Zürich und Stuttgart 1964.

B 1 – 5   Der junge Goethe, neubearbeitete Ausgabe in fünf Bänden und einem Registerband, hrsg. von Hanna Fischer-Lamberg, Berlin 1963–1974 (Chronologisches Quellenwerk auf der Grundlage von Max Morris, Der junge Goethe, Leipzig 1909–1912).

C 1 – 5   Goethes Gespräche, Eine Sammlung zeitgenössischer Berichte aus seinem Umgang auf Grund der Ausgabe und des Nachlasses von Flodoard Freiherrn von Biedermann, ergänzt und hrsg. von Wolfgang Herwig, fünf Hauptbände, davon dritter Band in zwei Teilbänden, Zürich und Stuttgart, 1965–1987 (Chronologisch-sachliches Quellenwerk auf der Grundlage von Woldemar Freiherrn von Biedermann Leipzig 1889–1896,[2] 1909–1911).

D 1 – 4 Goethes amtliche Schriften, Veröffentlichungen des Staatsarchivs Weimar, Goethes Tätigkeit im Geheimen Consilium, vier Bände, Weimar 1950–1987. Erster Band: Die Schriften der Jahre 1776–1786, bearbeitet von Willy Flach. Zweiter Band, in zwei Halbbänden: Die Schriften der Jahre 1788–1819, bearbeitet von Helma Dahl. Dritter Band: Erläuterungen zu den Schriften der Jahre 1788–1819, bearbeitet von Helma Dahl. Vierter Band: Register, bearbeitet von Helma Dahl. (Chronologisches Quellenwerk mit überwiegend Erstveröffentlichungen zu Goethes Tätigkeit im Staatsdienst).

H 1 – 14 Goethe, J. W., Werke. Hamburger Ausgabe in 14 Bänden, hrsg. von Erich Trunz, seit 1972 bei C. H. Beck, München, mit unterschiedlichem Auflagenstand der Einzelbände (Neubearbeitete, textkritische, durch ein Mitarbeiterteam kommentierte Werkausgabe).

WA Weimarer Ausgabe (oder Sophienausgabe): Goethes Werke, hrsg. im Auftrag der Großherzogin Sophie von Sachsen, Abteilung I–IV, 133 Bände in 143 Teilen mit rd. 62 000 Seiten, Weimar 1887–1919. Reprint-Ausgabe München 1987.

BILDNACHWEIS

Umschlag-Vorderseite
Johann Wolfgang v. Goethe, Schattenriß um 1780 (hier mit hinzugefügtem Juristensymbol).

Umschlag-Rückseite
Johann Wolfgang v. Goethe, Schattenriß von 1826 auf einem Stammbuchblatt im Goethe-Nationalmuseum Weimar (hier mit hinzugefügter Handschrift).

Foto: Stiftung Weimarer Klassik, Weimar.

ZEITTAFEL

1749	28. August geboren in Frankfurt am Main. Vater: Dr. jur. Johann Caspar Goethe, Kaiserlicher Rat (ohne Amtsgeschäfte). Mutter: Katharina Elisabeth, Tochter des Stadtschultheißen Dr. jur. Johann Wolfgang Textor, Juristenfamilie seit vier Generationen.
1755	Beginn des Privatunterrichts im Elternhaus unter Aufsicht des Vaters, vor allem in Latein als Grundlage für das vorgesehene Jurastudium.
1763/65	Einführung in die Rechtswissenschaft durch den Vater.
1765/68	Studium in Leipzig von Oktober 1765 bis August 1768. Seine juristischen Vorkenntnisse erlauben ihm die vorzugsweise Beschäftigung mit Geschichte und Staatsrecht, Philosophie, Biologie, Medizin, Naturwissenschaften, Poetik und Zeichenlehre. Mitwirkung als Opponent bei einer jur. Doktorpromotion.
1768/69	Schwere Krankheit mit Genesungsaufenthalt im Elternhaus. Goethes erstes Lustspiel „Die Mitschuldigen" im Gewande einer Diebstahlsgeschichte mit juristischen Einblendungen.
1770/71	Abschluß des Rechtsstudiums in Straßburg von April 1770 bis August 1771, mit dem Ziel der jur. Promotion. Zugleich Vorlesungen über Staatswissenschaft, Geschichte, Anatomie, Chirurgie und Chemie. *25. bis 27. September 1770:* Jur. Vorexamen „cum laude" bestanden. *Sommer 1771:* Dissertation aus dem Staatskirchenrecht „De Legislatoribus" von der Jur. Fakultät aus theologischem Bedenken nicht angenommen. *6. August 1771:* Promotion zum „Licentiatus Juris utri-

usque", einem akademischen Grad für kirchliches und weltliches Recht; die erforderliche Disputation über 50 lateinische Rechtsthesen (Positiones Juris) „cum applauso" bestanden.

1771/75   Advokat in Frankfurt a. M., von September 1771 bis Oktober 1775; Goethes Schriftsätze aus 28 Gerichtsprozessen erhalten geblieben.

1771 (Ende): Niederschrift der „Geschichte Gottfriedens von Berlichingen mit der eisernen Hand dramatisiert"; dazu in Straßburg angeregt worden durch Studien zur Reichs- und Rechtsgeschichte.

1772: Rezensionen staats- und rechtswissenschaftlicher Werke in „Frankfurter Gelehrten Anzeigen".

1772: Mitte Mai bis 20. September Rechtspraktikum am Reichskammergericht in Wetzlar.

1773: Erste Arbeiten an Faust, mit Zitaten zur Juristerei.

1774: Briefroman „Die Leiden des jungen Werthers" mit Erinnerungen an die Praktikantenzeit beim Reichskammergericht und den dortigen Freitod eines Juristen.

1775   Ab 7. November am Hof in Weimar auf Einladung des Herzogs Carl August von Sachsen-Weimar.

1776/1832   im Weimarischen Staatsdienst.

1776: Ernennung zum Geheimen Legationsrat, *1779* Geheimer Rat, ab *1804* Wirklicher Geheimer Rat, mit Sitz und Stimme im Geheimen Consilium, der obersten Landesbehörde (ab *1815* Staatsministerium), mit zum Teil juristisch bedeutsamen Aufgaben: Bergwerkkommission, Kriegskommission und Wegebau, Präsidium der Kammer (oberste Finanzbehörde), Oberleitung über die Anstalten der Kunst und Wissenschaft.

1782: Erhebung in den Adelsstand.

1786/88: Italienische Reise; Abschluß des Egmont, Arbeiten an Faust und Torquato Tasso.

1793: Reineke Fuchs, satirisches Epos gegen gesellschaftliche und rechtliche Mißstände.

1796 ff.: Wilhelm Meisters Lehrjahre; Xenien; Maximen und Reflexionen.

1806: Abschluß von Faust I.

1811: Lebensbeschreibung „Dichtung und Wahrheit" Erster bis Dritter Teil über die Jugendzeit.

1814/19: Gedichtsammlung „West-östlicher Divan".

1815 im Dezember: Ernennung zum Staatsminister im neuen Großherzogtum Sachsen-Weimar-Eisenach (nach dem Wiener Kongreß), mit der Übertragung der Oberaufsicht über sämliche kulturelle Institute des Landes.

1820/29: Wilhelm Meisters Wanderjahre.

1825: Privilegierungsgesuch zum Urheber- und Verlagsrecht von den Staaten des Deutschen Bundes stattgegeben.

1830: Goethes Werke, Ausgabe letzter Hand, in 40 Bänden erschienen.

Dichtung und Wahrheit, Vierter Teil (ohne die Weimarer Zeit) abgeschlossen.

1831: Faust II abgeschlossen, gesperrt bis nach dem Tode. Letztes Testament über Privatvermögen mit geistigem Eigentum.

1832   22. März gestorben in Weimar.

Zu den Herausgebern

Ministerialrat a. D. Dr. jur. Alfons Pausch (vormals Referent im Bundesfinanzministerium sowie Dozent und Lehrgruppenleiter für den höheren Finanzdienst an der Bundesfinanzakademie) hat sich seit seinem Rechtsstudium in Vorträgen und Aufsätzen mit Goethes Juristenlaufbahn befaßt. In Gemeinschaft mit seiner Frau Jutta Pausch durch mehrere Buchveröffentlichungen, insbesondere zur Steuergeschichte, bekannt, haben sich beide biographischen Arbeiten über bekannte Juristen zugewandt.

Bitte beachten Sie
die nachfolgenden Verlagsanzeigen

Das Wörterbuch für alle Juristen:

Teubners
Satirisches Rechtswörterbuch
2. Auflage

Von Vors. Richter am OLG Dr. Ernst Teubner.
Mit 26 Vignetten von Brigitte Teubner.
2., enorm verbesserte und angereicherte Auflage von 1992.
229 Seiten DIN A 5, gbd. 39,– DM.
ISBN 3 504 01806 2

In diesem unentbehrlichen Zweitlexikon werden über 1000 der geläufigsten Rechtsbegriffe – von »aberratio ictus« bis »Zahlung« – in vergnüglicher Art und Weise aufbereitet und mit Humor erklärt.

»... eine keineswegs ungerechtfertigte Bereicherung des juristischen Literaturmarktes.«
Prof. Dr. Martin Lipp
in Juristische Schulung 7/93

»... Das Buch ist nicht nur für besinnliche Schmunzelstunden geeignet, es ist auch ein ideales Geschenk an alle, die mit Rechtsbegriffen zu tun haben, so daß es mancher sicherlich nur im Durchgangserwerb kaufen wird... Wer dieses Buch zur Hand nimmt, dem ist vergnügliche Erbauung sicher. Es lohnt sich, es sich selbst oder anderen zu schenken!«
Vors. Richter am OLG Dr. Günter Otto
in Der Deutsche Rechtspfleger 5/93

»... Der Teubner: zweifelsfrei eine gute Adresse in Sachen Satire.«
Rechtsanwalt Joachim Würkner
in Neue Juristische Wochenschrift 22/93

Verlag Dr. Otto Schmidt · Köln

Die menschliche Seite
der komplizierten Juristerei:

Rudolf Gerhardt

Wenn man's Recht betrachtet

Richterliches und Menschliches vom Baum der Erkenntnis.

Von Prof. Dr. Rudolf Gerhardt.
122 Seiten DIN A 5, 1988, engl. brosch. 19,– DM.
ISBN 3 504 01831 3

Rudolf Gerhardt kann den Banalitäten des juristischen Alltags ebenso Farbe abgewinnen, wie er die Absonderlichkeiten des Menschlichen in seiner Komik, in seiner Tragik und nicht selten auch in einer Mischung aus beidem zu zeichnen vermag. Seine Beobachtungen, die in feingeschliffenen Kurzbeiträgen oder als Glossen vor allem in der FAZ und der ZEIT veröffentlicht wurden, sind in diesem Geschenkband enthalten, der durch Illustrationen von Imma Setz auch optischen Reiz bietet.

»...witzig-brillant formuliert.
Man lese selbst und wird seine Lesefreude haben ...«
*Präsident des BVerwG a. D. Prof. Dr. Horst Sendler
in Deutsches Verwaltungsblatt 16/89*

Verlag Dr. Otto Schmidt · Köln